いつも時間に追われている人のための

「超」時間術

午堂登紀雄
Tokio Godo

SOGO HOREI PUBLISHING CO., LTD

なぜ週10時間労働で年収2000万円を稼げるのか

私は現在、多忙な妻に代わり、家で1歳の息子の面倒を見ています（保育園に入れず待機児童です・涙）。

また、掃除や洗濯、ゴミ出しに消耗品の在庫管理まで、家事のほとんども私が担当しています。

小さな子どもを抱えるお母さんの大変さがわかるというものですが、家で仕事をしていると息子が「遊んでくれ」と言ってせがむので、やはり私も自分のために使える時間はあまりなく、**1日の実労働は2～3時間**といったところです。

それでも**私の年収は2000万円を下回ることはなく、むしろ毎年増えています。**

その秘訣はやはり、**限られた自分の時間の使い方を考え、戦略的に仕組みや習慣を作ってきたから**だと思っています。

以前はサラリーマンで組織の一員として働き、次は経営者として組織を束ねる立場で働き、今は個人事業主で家事育児の両立など、ライフスタイルや働き方の変化に合わせて、時間の使い方も変化させてきました。

その中で気づいたことがあります。それは、**時間の使い方とは、イコール「生き方」**であるということです。**自分の時間をどう使うかの「判断」と「累積」が、自分の人生を構築している**からです。

「**判断**」というのは、何をして何をしないかです。

たとえば今日、フェイスブックに1時間費やしたとしたら、その1時間があればできたはずのことを捨てることになります。

つまり、**「何かをする」という行為は、「何かをしない（もしくは諦める）」ことであり、その判断の積み重ねが、「今の自分の状態」を作っている**わけです。

「**累積**」というのは、今までやってきたことの積み重ねです。

たとえば、英語の学習を3年間続けたので英語を話せるようになった。その結果、転職の選択肢が広がり、よりポジションが高く収入が多い、やりがいのある仕事に就けたとします。

この場合、英語の学習をしなかった人と、続けてきた自分との間に差ができるのはわかりやすいと思います。

そして、学習期間の3年間なんて、過ぎてみればあっという間ですし、何かをしてもしなくても3年という時間は等しく過ぎます。

世の中には**「時間はあるがお金がない」「お金はあるが時間がない」「お金も時間もない」「お金も時間もある」という4パターンの人がいます。**

もちろん人の価値観はそれぞれで、どれが良くてどれが良くないかは本人が決めることです。しかし、私はやはり「お金も時間もある」状態のほうが望ましいと考えています。

なぜなら、お金も時間もあれば目の前にチャンスが現れたとき、「忙しくてできない」「お金がないからムリ」などと躊躇《ちゅうちょ》することなく飛び込めるからです。

すると、新しい世界を垣間見ることができます。新しい経験を積むこともできる。

それによって、新しい自分の能力が開花することもあります。それがすなわち、自分の人生をよりおもしろく、充実したものにしてくれると考えているからです。

つまり、**「毎晩、充足感に満たされて眠りにつく」「毎朝、目が覚めたらワクワクする」状態を作ることが、私の考える「時間術」です。**

ですから、単に効率化を目指すとか、こま切れ時間をうまく使うとか、定時で帰るとか、スピードを速めるとかいうのは、あくまで手段であって目的ではありません。

「こういう状態になりたい」「こういう自分になりたい」という目指すべき状態があり、時間術はその状態に持っていくための手段なのです。

ですから、目指す姿が違えばその手段も異なります。

時間術も誰かの真似をすればいいという単純なものではなく、自分の価値観や働き方、生き方に合わせてチューニングする必要があるのです。

つまり本書も、あなた自身の時間術を考えるヒントに過ぎません。

もちろん、自分に合う合わない、共感できるできないといった感想はあるでしょう。

しかし、今のあなたはその感じ方を元に選択してきたものの積み重ねで成り立っています。そうであれば、もし今に不満を持っているとすれば、その感じ方を変える必要があるということです。

今までの思い込みや常識に縛られ、自分の時間（＝人生）を失っているとしたら、それはとてももったいないことです。

本書で、そんな縛られた思考から抜け出すお手伝いができれば、著者としてうれしく思います。

午堂登紀雄

CONTENTS

第4章

思考とアウトプットを短時間で論理的にまとめる

第5章 〝他人の人生の駒〟から抜け出すためにやめる習慣

第6章 あなたの人生に第3の解を与える「超」時間術

第1章

時間をコントロールできると新しい「解」が見えてくる

抜きん出られる人とその他大勢の人とは何が違うのか

雑誌やネットのニュースを見ると、経済格差・所得格差はますます拡大しているようで、「収入が低いから結婚も出産もできない」「年収200万円で生活が苦しい」という記事を時折見かけます。

「はじめに」でも紹介した四つの分類の「お金も時間もない」というのが、多くの人にとっては最も避けたいパターンではないでしょうか。

パターンに違いが出る原因は、ちょっと抽象的な表現ですが、**「何を見ているか」「何を見ていないか」に違いがある**からだと私は考えています。

その原点は、「こうしたい」という方向性があるかどうかです。

たとえば専業主婦の節約ブログの中には、「お金を節約する」という支出の削減だけを見ていて、「収入を増やす」という側面は見ていないものが散見されます。

収入の範囲内で生活することが目的になってしまうと、「賢いやりくり」しか考えられなくなる。

もちろん、それはそれで大事なことではありますが、もしもっと豊かな生活をしたいという本音があるのなら、いかに収入を増やすかに着目しなければ、カリカリと我慢し続ける生活になりかねません。

これを時間の使い方という観点からいうと、**「こうしたい」がなければ、生活のすべては「しなければならない」ことで埋め尽くされてしまい、仕事やタスクに追われるだけの日々になりかねない**ということです。

「しなければならない」ことは、「しなければあとで自分が困る」ことと同義ですが、これは基本的に**他人に依存したタスク**です。

書類を提出しなければならない、メールの返事をしなければならない、携帯電話の料金を払わなければならない。でないと、自分が怒られたり困ることが起こる。

しかし、それをやって**うれしいのは他人**です。書類を受け取った人が喜ぶ、メールを受け取った人が喜ぶ、携帯料金を受け取った人が喜ぶ……。

そして、確かにこれはこれで大事なことではありますが、いくら「しなければならない」ことをたくさんやっても、それでは結局、**他人の夢の実現に貢献させられたり、他人の目的達成の一部として利用されたりするだけなのです。**

「しなければならないこと」から「したいこと」へ

つまり生活の中に**「こうしたい」を実践する時間を増やしていかなければ、自分の状態は変わりません。**

ただし、「こうしたい」というのは、誰かが指示をくれるわけではないので、自分で考えて決めなければなりません。

また、締め切りがあるわけでもなく、他人に迷惑をかけるわけでもないので、そこには強制力もありません。さらにやっかいなのは、「しなくても特に困らない」という側面を持っています。

たとえば私は不動産投資をしていますが、これは私が「経済的自由を得るために、不労所得を得たい」と考えて始めたものです。

しかし、誰かが「不動産投資をやれ」と指示したわけではありませんし、「いつまでにしなければならない」というものでもありません。

さらには、不動産投資は生活必需品でも何でもなく、私がやらなくても誰も困らない。私が買わなかった物件は他人が買うだけです。

しかし、それでは私の生活が変わることはなかったでしょう。今のように自由に好きなことだけをして稼ぐという生活も手に入らなかったでしょう。

つまり、**自分の人生をよりバージョンアップさせるために必要なのは、「やらなくてもよいこと」「やらなくても困らないこと」を「しなければならない」**のであり、ここに気が付くかどうかが、抜きん出られる人とそうでない人とを分かつ一つの要因となります。

あなたが価値のあることを成し遂げようと成し遂げなかろうと、時間は刻々と過ぎ、年を取っていく。

しかし、**「しなければならない」ことを減らし、あるいは早々に終わらせ、毎日のタスクを「やりたいこと」で埋めていけば、人生は明らかに楽しく、深く、充実したものになる**はずです。

多くの人は時間を消費するためにお金を払っている

多忙な私たちにとって**必要なのは、時間を消費するための出費よりも、時間を生み出すための出費**です。

わが家でも、必要に応じてホームヘルパーに掃除を頼んだり、ベビーシッターを利用しています。

ウェブサイトの制作・修正、法人の決算申告や個人の税務申告も外注しています。そうやって、自分がすることで価値が出るものだけに専念するよう心がけています。

また、私はテレビをほとんど観ませんし、音楽も聴かないしゲームもしない。映画も数年は行っておらず、海外に行ったときに有名なミュージカルや美術館を訪ねるといった程度です。

「そんなの味気ない」と感じるかもしれませんが、私にとっては仕事が趣味であり、**「仕事による成果が最大の報酬」**なので、娯楽に時間を費やす必要がありません。娯楽より仕事のほうが楽しいのです。

一方で、先ほどのゲームやレンタルビデオ、スマホ、携帯オーディオ機器なども、すべては暇つぶしの道具です。

ということは、多くの人は時間を生み出すための出費ではなく、時間を消費するために出費をしていると考えられます。

近年のマーケティング用語に「時間消費」「経験価値」というキーワードがあるように、企業はあの手この手で「時間を消費するために出費をさせる」商品・サービスを繰り出しています。

つまり、**「自分はどういう価値を出すべきか」を意識しないでいると、企業の広告宣伝に洗脳され、無意識で「それ楽しそう」とお金と時間を同時に失ってしまうことになりかねないということです。**

一方で、タクシーに乗って時間を節約することや、ホームヘルパーを使って家事の時間を節約することを「お金がもったいない」といって避けようとする。

もしかすると、暇つぶしの出費のほうが貴重で、時間を生み出す出費は意味がないのか、あるいは追加で時間が生まれても、何をしていいのかわからないということなのか……。

もちろんそれが良い悪いということではありませんし、時と場合によって「これが合理的な選択だ」と考えて判断しているのなら良いのです。しかし**無自覚に暮らしているると、どうしても供給者の論理を刷り込まれてしまいます。**

たとえば「うがいにはうがい薬」「洗顔には洗顔フォーム」を使うのは当たり前と考えている人もいると思いますが、身体にとっては意味がなく、むしろマイナスであることがわかっています。

うがい薬を使うと、のどの粘膜にいる常在菌まで殺してしまい、細菌バランスが崩れて逆に風邪などをひきやすくなるという調査結果があります。つまりうがいは水道水で十分ということ。

また、洗顔フォームを使うと必要な皮脂まで洗い流し、皮膚のバリア構造を壊してしまう。そのため保湿液まで必要になってしまうわけですが、日常の洗顔は実はお湯洗いで十分。

そしてこれらもすべては企業が作りだした常識です。そうしたものに時間とお金の両方を奪われるのはもったいない。

できる限り、**「これは自分の時間を生み出す出費なのか？　それとも時間を奪う出費なのか？」**を意識して生活したいものです。

「本当にやるべきこと」は、誰も教えてくれない

特に目標や意思がなくても、私たちは生きていくことができます。意味のあることをしてもしなくても、等しく年月が過ぎていきます。

私たちは、蒔いたものしか刈り取ることができません。 ほうれん草の種を蒔けばほうれん草がとれる。スイカの種を蒔けばスイカがとれる。何も蒔かなければ、当然ながら何も刈り取ることはできません。

では自分は今、いったい何の種を蒔いているのか。3年後5年後の未来につながる何かに取り組んでいるか……。

「何の種を蒔くべきか」は誰も教えてくれません。もちろん期限もないし、催促されることもない。自分で探し、選び、決断し、実践するしかありません。

そして、それが数年後の差を分かちます。未来の結果は現在の原因によって作られるのです。

一方で、**何も蒔かなくても「しなければならないこと」は次々と出てきて、それらをこなすだけでも1日は過ぎていきます。**

朝起きて朝食を食べ、会社に行く。午前中は会議や報告書の作成に追われ、昼になれば同僚とランチをして談笑。午後は商談や経費精算といった雑務などをこなすうちに、終業時間がやってくる。退社後はコンビニに寄って携帯電話の料金を支払い、夕食を買って帰る。帰宅したらテレビを見ながら食事をし、その後はスマホでＬＩＮＥをしたり、パソコンでネットサーフィンしたり。深夜0時ごろになったら、そろそろ就寝。

こうして、**3年や5年はあっという間**に過ぎていきます。

「しなければならないこと」をこなすだけでも「がんばっている」という実感を得ることはできます。

しかし**日常で発生する「しなければならないこと」の多くは、自分の意思や目的はあまり反映されていないもの**です。

そうしたタスクをどんなにこなしたところで（「自分が困る状況」は回避できたとしても）、特に自分の人生が前向きな方向に変わるわけではありません。

そんな人の典型的なセリフは「昔は良かった」という言葉です。自分の意思で何もやっていないから進化していないけれど、周りは進化しているから相対的に自分は後退し、肩身が狭く生きにくいと感じるのです。

ですから、**しなければならないことに追われたとしても、それらをできる限り種蒔きに変えていくことです。**たとえば相手の期待以上にこなす、自分のオリジナルなアイデアをちょっとだけ入れてみる、もっと効率的な方法を考えて変えてみるといったようにです。

それと平行して、「自分はこうありたい」「こうしたい」というタスクを、1日の中に散りばめていくのです。

時間もお金も累積効果で考える

「忙しくてそんなことをやる時間がない」という気持ちは誰でも抱くと思います。あるいはいつもの習慣でなんとなくやっていることもあるでしょう。

そんなとき、自分を変革させてくれることに目を向けるための発想として、**「累積効果」**があります。これは、**「それを続けたらどのくらい効果が膨大になるか」「差別化になるか」を想像してみる**ことです。

たとえば、肩こり対策として腕立て伏せを3カ月くらい続ければ、腕や肩、胸に筋肉がつき、筋肉中の毛細血管が増えることで血流が良くなり、肩こりが解消しやすくなります。

携帯電話はおそらく生涯保有するものですが、仮に今30歳で携帯電話代に月1万円かかるなら、**80歳まで生きたとして生涯６００万円を使う計算**になります。しかし、もし格安ＳＩＭに換えて５０００円に抑えられれば、浮いた３００万円を別のことに使えるでしょう。

30歳で**毎日1時間テレビを見る人は、残りの生涯で４５６日をテレビの前で過ごす**ことになりますが、これをやめれば1年以上の時間をほかのことに使えます。

などとその累積効果を考えると、「忙しいけど今から始めたほうがいい」あるいは「やめたほうがいい」と判断できるはずです。

決断とは最後は肝っ玉で決まる

何かをするということは、それに時間が奪われるということ。繰り返しになりますが、**1日は24時間ですから、もし何かに1時間を費やせばその時間を使ったらできた**

であろう他の何かを捨てることになります。

そのとき、**自分は何を選び、何を捨てるのか……。お金をかけて時間を買うのか、あるいは時間をかけてお金を節約するのか……。**この判断は時に非常に難しいと感じます。

たとえば、面白いゲームやアプリケーションのソフトを思いついたとします。「これは売れそうだ。しかし自分は素人である」

その場合、プログラミングを学んで自分で作る方法と、お金を払って外注する方法があります。

前者は、自分で作る技術を持つことで、自由に修正やバージョンアップができるという利点があります。

もしそのソフトが売れなくても、いくらでも再起可能です。自分が作業すればいいだけなので、お金はかからない。タダで次々と新しいものをリリースし、試行錯誤できる。

一方で、プログラミング技術の習得や、実際の制作にも膨大な時間を要しますし、自分の労働力の分しかアウトプットできない。つまり売れても収入は知れています。

自分ですべてやるのは物理的に限界がありますが、後者の外注することを選べば、自分は企画や宣伝などに時間をかけることができます。売れて利益が出れば、技術者を雇ってたくさんのソフトを作れるし、規模も拡大できる。

しかし外注ですから、修正の都度お金がかかり、自分の思い通りのものができないイライラもあるかもしれません。そしてもし売れなければ、かけた外注費が全損となるリスクがあります。

そういうリスクとリターン、選択肢の幅を考えると、どちらが正しいのか……。ここが自己責任で決断する場面というわけです。つまり、**どちらの「覚悟」ができるかという肝っ玉が決断には必要**なのです。

第2章

〝時間を投資する〟の考え方で収入はどんどん上がる

常に「ほんとうの目的は何なのか？」に立ち返る

私がよく使うたとえ話をご紹介します。

真夏の炎天下の田舎道を歩いていて、杖をついた老人とすれ違ったとします。そのとき老人から、「コンビニはどこにあるかね？」と聞かれました。コンビニは2キロ以上先なので、足の悪そうな老人にはちょっときつそうです。

このとき、あなたはどう答えるでしょうか？

これは私がある経営者の知人から出されたクイズなのですが、正解は、「**どうしてコンビニに行きたいのですか？**」だそうです。

もし老人が、水を飲みたいだけ、トイレに行きたいだけであれば、持っている水をあげることもできますし、自宅が近くにあるのなら、トイレを貸すこともできます。

つまり、まず「**そもそもの目的は何なのか**」を考えてから、それを達成するための手段を考えたほうがよい、ということです。

「何を当たり前のことを」と感じると思いますが、現実には、目的と手段を混同したり、対処療法やもぐらたたきのような方法を選んだり、長期的な影響を無視した判断をすることがあるものです。

たとえば、時間術の書籍に「仕事を断る」ということが書いていたとします。

もちろん単なる便利屋扱いとか、明らかに意味がないとか、自分の専門分野が明確で自分がやるよりほかの人がやったほうがクオリティや価値が高いだろうなどの場合は、断ることも必要です。

しかし**自分がまだ未熟なペーペーのうちは、まず信用を得ることや、仕事のキャパシティを広げることのほうが重要**です。そう考えれば、「今は仕事を断らずに何でも引き受けるべき時期だ」という判断もあるはず。

つまり**断ることは目的ではなく、あくまで手段に過ぎない**ということです。

あるいは、「残業をゼロにして定時退社」することも、やはり自分の能力やステージに応じて柔軟に考える必要があります。定時退社に慣れてしまって30代40代になって無理が利かず、同期や後輩に大きく遅れを取って解雇のリスクにさらされる、ということが起こるかもしれません。

すると、幸せになるために実践していた時間術や仕事術は、実は自分の能力を棄損・衰退させるだけかもしれないのです。

やはり**「残業をゼロにして定時退社」も、目的ではなく手段**ということです。

仕事は速いけれどミスが多かったり、判断は速いけれどもポイントがズレていたりすると、むしろ害のほうが大きくなります。

だからこそ、**目の前の仕事のやり方にこだわり過ぎず、「本当の目的は何か」にフォーカス**し、「これってそもそも何のためだっけ?」と原点に立ち返る必要があるのです。

自分自身が満足する基準をつくろう

同じように**時間術も目的ではなく単なる手段**です。

仕事を詰め込んで忙しくすることも、こま切れ時間を必死で活用することも目的ではありません。速く仕事をこなすこと、労働時間を短くすることも目的ではありません。

大局的に考えれば、**本当の目的は自分の人生をよりよく生きることです。**

良い成果を出し、信用力を高め、報酬を増やし、仕事を楽しみ、プライベートの時間を大切にして、豊かな人生にするためです。

ですからまず、**自分はどのような状態になりたいかを定義する必要があります。**

幸福像・理想像・生きた証しの示し方というベクトルが決まっていれば、今やっていることや方法が、その実現につながるのかが見えます。それが見えれば、多少ズレても回り道しても軌道修正できるようになります。

そう考えれば、本書の内容も万人に当てはまるわけではないことがわかります。これは他の時間術の本も同じです。

各人の価値観や幸せの定義は違いますから、自分には合わないとか、そのままでは使えないというものもあるでしょう。

でもそれは悪いことではありません。

どの書籍も答えが載っているわけではなく、あくまでも自分の動き方を考えるヒントにすぎないということ。

自分にフィットする方法を試行錯誤しながらバージョンアップさせていくことが大切です。

かけた時間よりも効能の持続期間を追う

私は、一回の行為の効果が長期間続くものを優先してやるようにしています。「**今これを仕込んでおけば、あとあと長くリターンが得られそうだ**」というものから取り掛かることは、**刈り取る期間が長く取れることを意味する**からです。

たとえば資格の取得であれば、独学では2年かかるところ、お金がかかっても専門学校に通って1年で取得すれば、1年早くその仕事に就いて回収を始められる、というイメージです。

そのため私も、新しい事業を始める場合は、何はともあれホームページを作って先行して情報発信します。多くの人は検索して調べてから買うか買わないかを判断しますから、その判断材料を先に提示しておくためです。

また、ウェブサイトが公開されれば、検索エンジンにひっかかるようになりますし、拡散してくれる人を増やすこともできます。

特に、SEO（サーチエンジンオプティマイゼーション：検索エンジン最適化）対策上も重要で、グーグルにしてもヤフーにしても、「クローラー」と呼ばれるプログラムが世界中のウェブサイトを巡回して情報を集め、それを検索結果に反映させますが、検索上位に来るにはある程度時間がかかります。

ですから早期にウェブを立ち上げておくことは、検索でひっかかりやすくする効果があるのです。

また、本書のような本を書く仕事も優先的に取り組みます。本は売れれば数年間は書店に置かれますから、出版して時間が経過していても読んでもらえます（売れなければすぐに返本されますが・涙）。

アマゾンのようなネット書店なら、絶版になっても古書店がマーケットプレイスで中古本として販売しているので、半永久的に読者を獲得することができます。

すると、長期間にわたって私の事業に興味を持ってくれる人が存在することとなり、増刷すれば印税収入も入ります。
これも**1回の仕事が及ぼす影響が長期に続くため、最優先で取り組むようにしています。**

自分の行動を振り返り、理由を持つ

私は日ごろから、自分の行動を振り返って、**最も満足度と効率が両立する方法を追求**するようにしています。

たとえば卑近な例ですが、私はティッシュペーパーのヘビーユーザーなので、家中のいたるところにティッシュペーパーを置いて、取りに行く手間を省くようにしています。

自分の仕事のデスク、キッチン、ダイニングテーブル、洗面台、寝室の5か所にあり、バッグの中にはポケットティッシュを入れています。

そのため在庫として、自宅に100個以上のティッシュが常備されていますが、大量注文することで安く買い、送料無料で配送してもらっています。

以前スーツを着て仕事をしていたときは、下着→くつした→ワイシャツ→スーツ→コートと、着替えの順番に衣装棚とハンガーラックを並べ、流れ作業的に服を着て出勤していました。

マンションやアパートを借りるときは、エレベーターの待ち時間や上り下りの手間を減らすために、小規模マンションか低層階を選ぶようにしています。2階なら階段で出入りできますし、小規模なマンションならエレベーター渋滞もなく、いつでもすぐ出入りできるからです。

そのエレベーターも、先に「閉じる」ボタンを押してから目的階のボタンを押すクセがついています。逆にするとその分時間がかかりますから（笑）。

あるいはモバイルパソコンは、いちいち電源を落とさずスタンバイモードにしておき、画面を開いてから約5秒で仕事にとりかかれるようにしています。ファイルも仕掛中のものは閉じずに開きっぱなしにして、前回の作業画面からすぐ再開します。

というふうに、ちょっとオタク的かもしれませんが、自分の生活動線や行動パターンをどう変えればもっと快適に、もっと素早くできるようになるかを日々試行錯誤しています。

また、「こういう理由でこうしている」というふうに、**一つひとつの行動に根拠ができると、自分の動きに納得できて満足度も高まる**という副次的効果もあります。

身体能力を高めて時間あたりの収益を上げる

体調が良ければ集中力が発揮できて生産性が上がります。仮に風邪をひいたり病気になったりすれば、生産的な時間を失ってしまいます。そこで、**健康を維持することもまた、時間を上手に使ううえでは重要なこと**だといえます。

健康を考えたときに出てくる話題といえば「何を食べるべきか」ということになり

がちです。しかし、私は逆に**「何を食べないか」のほうが重要**だと考えています。たとえばコンビニの揚げ物など時間が経過して酸化した油分や、防腐剤や人工甘味料のような添加物を摂り過ぎると、細胞を傷つけ老化や疾病の原因となります。

それに、栄養の吸収は各種ビタミンやミネラルだけでなく、ホルモンや腸内環境など、様々な要因が絡み合っていますから、単一の栄養素だけをとっても吸収されるかどうかわかりません。

市販の健康食品もほとんどが無意味です。そもそも医学的な検証が行われていないなど根拠がなく、だからこそ効果効能をうたうと薬事法違反になるわけです。

現代の日本では、バランスの良い（偏り過ぎない）食事を心がけていれば栄養不足になるという可能性は低く、特定の症状がある人を除きサプリメントで補う必要はありません。

むしろ**私たちの問題は、食べ過ぎ**です。食べ過ぎれは消化吸収のため胃腸に負担をかけますから、生産性は低下します。あるいは肥満になってそれが生活習慣病の原因となるなど、食べ過ぎていることのほうが問題です。

ランチを減らす・抜くという発想

たとえば、朝食やランチは必ず食べなければならないと固定的に考えてしまうと、「忙しいから牛丼をかき込もう」「午後は時間がないから今のうちにランチを済ませよう」という発想になってしまいます。

しかしまずは、**自分の体の声に耳を傾けてみること**です。もし、それほどおなかがすいていなければ食べないという判断もアリですし、本当に忙しければ食べる暇もないでしょう。

また、食後には、すぐに集中力が必要な仕事はできないと思います。やはり消化吸収にエネルギーを取られていますから、どうしても休憩したいと感じます。それも、午後からの仕事に取り掛かるタイミングを遅らせる要因です。

そこで「忙しい。でもおなかもすいた」という場合は、ランチをいつもの半分にするとか、カフェでサンドイッチとコーヒーにとどめておくなど、軽く済ませておくことです。

すると**胃腸に負担がかからないので休憩時間をあまり取らなくても仕事に戻れます**し、そもそもランチに費やす時間も短くできます。

夕方におなかがすきますが、空腹も集中力を妨げる要因の一つです。

その場合、コンビニに行って軽食を買ってきます。もちろんこのときもおにぎり1個とかパン1個とか軽くしておくと、すぐに仕事に取り掛かれます。

ちなみに、ランチミーティングという方法が知られており、私も以前やったことがありますが、今はまったくやらなくなりました。

やはり口を動かしながらだと会話が中断してマジメな話はしにくいし、かといって傍らに弁当を置いて「打ち合わせをしてから食事」とか、レストランでランチを取ってから「お皿などを片付てもらって打ち合わせ」というのも、「じゃあ最初から別にすればいいのでは?」と感じたからです。

また、打ち合わせと称して飲み会をするのも、結局どうでもいい話になってだらだらとなりがちなので、打ち合わせを終わらせてから飲みに行くようにしています。

住む場所を最適化する

社会人になれば、自分の意志で住む場所を選ぶことができます。**住む場所を選ぶとは、「何かを成し遂げたいという意思」**の表れです。

たとえば、通勤電車の中で座って勉強ができるように、始発駅近くに住むという選択をする。親の介護を優先させたいから、親の家の近くに住む。自然に囲まれて暮らすことが幸せだから郊外に住んで、新幹線通勤をする……など、**「この目的を達成したい」「このような生き方がしたい」という意思が、住まい選びに現れます。**

本当に時間を有効に活用したいなら、高い家賃を払ってでも会社から徒歩圏内に引っ越すことです。

勤務先から電車で30分といっても、自宅から最寄り駅までの時間、駅で電車を待つ時間もありますから、ドアツードアで結局1時間近くかかるでしょう。

しかし徒歩圏で通勤という概念がなくなれば、前日が遅くなってもギリギリまで寝ていられるし、終電も関係ないし、退社してもすぐ自宅ですから、自分の時間がたっぷり確保できます。

1日2時間の自由時間が増えれば、年間で30日分。つまり、12か月ではなく13か月に増えるのと同じ意味を持つのです。

それに、住む場所を変えることは、つきあう人を変えるのと同じくらい、人生が変わるきっかけになりやすいといえます。

私は現在、仕事に便利な都心に住んでいますが、郊外で自宅を兼ねた賃貸マンションを建設しており、完成したらそこへ引っ越す予定です。それは子どもの教育のためと、妻の新しい事業のためです。

現在の場所ではなかなか保育園に入れず、夫婦ともに仕事を減らさざるを得ない状況です。さらには公園なども少なく、子どもが自由に走り回れる環境に乏しい……。

しかし引っ越し先は保育園に入りやすく、自然も豊かな新興住宅地で、子育てには向いています。

なおかつ、小さな子どもを持つ世帯がどんどん流入しているため、妻が始めるリトミック教室にも適した場所なのです。


その先も計画していて、子どもが小学校中学年くらいになったら、家族でマレーシアに引っ越す予定にしています。これは子どもの語学と多様性をはぐくむためですが、マレーシアでは英語と中国語がマスターでき、多宗教・多民族国家だからです。

そして子どもが巣立ってしまえば、再び日本に戻り、自分たちの人生に最も有利だと思える場所に住もうと考えています。


仮に今までは「家賃が安いから」「新築で気分がいいから」という理由で選んでいたとしても、これからは**「自分の理想をつかむうえで、もっとも有利になりそうな場**

所はどこか」を考えてみるのです。

すると、「いや、自分はここではなく、あそこに住むべきだ」という判断になるかもしれません。そこから時間の使い方が変わり、人生が変わっていく……。

それに、「初めての街に住む」というのは、脳に対してポジティブな刺激になります。思考がリセットされ、気持ちが切り替わり、まるで自分が生まれ変わったような気になるのは私だけではないと思います。

だからというわけではないですが、私は18歳のときに東京に来てから、もう11回も引っ越しをしています（苦笑）。

手帳術が無意味な理由

私個人としては、よく雑誌などで特集される手帳術にはほとんど意味がないと考えています。

なぜなら、カラフルで整然と手帳に書き込んだとしても、それで何か変わるということはないからです。手帳にこだわっても使える時間が増えるわけではありません。

もちろん、複数のプロジェクトを手がけている場合は、たとえば社内の用件は黒字、プロジェクトAの用件は赤字、プロジェクトBの用件は青字などに分けることで、漏れを防ぐことができるという側面はあるでしょう。

私も通常のアポイントは黒字、講演やセミナーの仕事は四角で囲む、締め切りは赤字にしているので一見使い分けているようにも映りますが、自分がわかれば体裁はどうでもよく、手帳に労力はかけないようにしています。

手帳に書かれるのは基本的に他人との約束です。もちろんこれはこれで大事なことですが、それだけでは**自分との約束がおろそかになりがち**です。

理想の自分になるために、今年は何をやるのか、今月は何をやるのか、今週は、そして今日は、というふうに、自分との約束を書いている人はどのくらいいるでしょうか。

書くまでもないほど問題意識や動機が強烈な人はともかく、「今年もあっという間だったな……。でも自分は1年前と何も変わっていない」ということがないように、仕事の目標だけではなく自分の目標も忘れない工夫をしておきたいものです。

それにはやはり、手帳に書く、パソコンのデスクトップに常に表示させておく、目標を書いた紙を写メしてスマホの待ち受け画面に設定し、さらにはトイレとリビングと寝室の壁に貼っておくなど、常に目に触れて忘れない環境を作っておくことです。

速読に意味はない

意識の高いビジネスパーソンに人気の「速読」ですが、私個人としては速読不要論者で、このようなものを習うためにお金を払って時間を使うのはバカバカしいと考えています。

なぜなら私が**読書をする目的は、「自分の思考の枠組みを変える」「自分が持っていない情報、ものの見方、考え方を手に入れる」ことであり、速く大量に読むことが目的ではない**からです。

もっと根源的に「本を読む目的」を定義してみます。小説などの娯楽や暇つぶしでなければ、私たち**ビジネスパーソンが読書をする目的は、「もっと稼げる人材になるため」**といえるのではないでしょうか。

時間を投下する行為はすべて投資。投資であるからには期待するリターンがあるはず。では**その読書から、いったいどういうリターンを求めるか**です。

「話し方」の本、「問題解決」の本、「マーケティング」の本、そして本書のような「時間術」の本も、もっと仕事で成果を出して稼げるようになることが目的のはずです。「読めば脳の機能が低下する本」「読めば貧乏になる本」なんて読まないですよね（ちょっと興味はそそられますが・笑）。

表現を変えてみましょう。

仮に今、あなたが宝くじで100億円当たったとします。現金で100億円あれば、金利1％の定期預金に預けていても、年間1億円の利息収入になります（実際には源泉課税されるので8000万円です）。つまり、毎月600万円以上使える状態です。

そして想像してみます。そういう状態になって、果たしてメモ術や整理術などのビジネス書を読むだろうか？　と。

稼げる人材になるとは、今までの自分が持っていなかった思考体系や行動体系を手に入れ、それを実生活に活かす人になることです。

著者の主張を自分の場合に置き換えて、「この情報はどういう場面で使えるか」「これは著者だからできたことかもしれないが、これをどう修正すれば自分にも使えるようになるか」「この主張には納得できないが、著者の本意は何だろう」などと考える必要があります。

つまり、著者の主張をいったん自分の脳にくぐらせるという時間がかかる。そう考えたとき、速く読むとか大量に読むといったことは、本当に効果があるのでしょうか。

自分の考え方や行動が変わらなければ、何万冊読んだとしても、何千時間読んだと

しても、結局何も変わらないのですから。

とはいえ、速読で大量に読む場合もあります。それは、次に述べる新しい分野の勉強に迫られたときです。しかしこれは、読書ではなく「リサーチ」「情報のインプット」という作業です。

最短時間でプロレベルになる方法

たとえば、営業やコンサルタント職で、新しい業界分野のクライアントを担当することになったとき。あるいは新規事業などで未知の業界に参入することになったとき。スピード重視でその業界を知り尽くし、顧客にバリューを提案する必要があります。「わかりません」では仕事にならないですからね。

そこで、一つのテーマに絞って集中読書をすることで、最短時間で知識をプロレベルに引き上げることができます。

まずはそのテーマの本を10冊購入します。まずは、初心者向けのページ数が少なくて全体像がわかるものからスタートです。

すると、次以降に読み込む文献が、その分野のどこを解説しているのか、位置関係を把握しながら読めるからです。

「やさしい○○」「初めての○○」「○○入門」でもよいですが、できるだけ網羅感があり、その中でも定番として長く売れている本がよいでしょう。

一つの分野の文献を大量に読んでいくと、知識が蓄積されます。重要なキーワードや項目は、どの本にも繰り返し何度も出てくるので、記憶に残ります。

そうすると、次に読む本でかぶっている情報、**すでにインプットされた情報は読み飛ばすことができます。未知の情報だけを拾っていけばいいので、読書スピードもどんどん速くなります。**

しかも、短期間に読む冊数が増えていけばいくほど、記憶に残る内容が多くなり、飛ばせる量も多くなります。

次は、本だけでなく、業界紙、専門誌、日経テレコン21で検索した膨大な量の新聞・雑誌記事などを読み込みます。

書籍は著者の価値観や分析した内容が中心ですが、新聞雑誌はより実務レベルに近い記事が豊富なため、現場で起きている生々しい情報が得られます。

そうやって量をこなせば、脳の中に「これはこういうこと」「この分野にはこういうトピックがある」というインデックスができます。すると、新しい情報に出会っても、何のことを言っているのかをスピーディーに理解することができるのです。

その際、**「もし自分がコンサルタントなら、既存の企業に対してどうアドバイスをするか」をイメージしながら読むと、より構造化された理解が進みます。**

たとえば、「この分野での重要なファクターは三つあります。それぞれのファクターで御社が満たすべき条件について説明しましょう……」などと、頭の中でアドバイスのロールプレイングをしながら読むのです。

すると、「経験値」×「読書量」の累積効果により、その業界の人とある程度の議論ができるくらいのレベルになります。

ネタは何度でも使いまわす

作った資料や仕入れた話のネタを、一回限りで終わらせるのは非常にもったいない。毎回ゼロベースで資料を作るのは大変ですから、使いまわせるとその分時間が節約できます。

提案書なども、基本は同じで提案先に合わせて少しだけ変えて持っていきますよね。同じ情報を違う取引先に話すこともあるでしょう。

このネタはどの場面で使えるか、あるいはどうやって使いまわすか、という姿勢を持っておくと、**新しく何か資料を作らなければならないといった局面で、「あの資料のあそこの部分が使えるかも」と思い出しやすくなります。**

私の場合、このように書く仕事もしているのですが、書籍だけでなくネットのコラムや自分のメルマガ（有料・無料）など文章を書く場面が非常に多く、これを全部オリジナルで書くのは時間的にも労力的にも大変です。

そこで現在やっているのは、書籍の原稿から漏れてしまった原稿をネットのコラムや自分のメルマガで公開する、という方法です。これなら書いたものが無駄になりません。

講演の資料も、まったく初めてのテーマではイチから作る必要がありますが、いったん作ってしまえば使いまわせます。

私はすでに何百本もの講演資料があるので、似たようなテーマの講演の依頼があると、既存のものから使えそうなものをピックアップし、それらのデータや文言を微修正し、並び替え、時には新しいスライドも入れ、まったく新しい（ように見える）資料にしています。

そのためにも、データのフォルダ管理だけは丁寧にするようにしています。現在は全文検索ができる機能があり便利ですが、適切に分類・保存していれば、探すのが簡単です。

そしてフォルダ管理は2階層までにしています。それ以上深くすると、探すのにむしろ時間がかかってしまうからです。

情報を効率よく集めるには、質問力がカギ

書籍や雑誌、ネットなどで情報を集めるのはとても簡単ですし、私自身『グーグル検索だけでお金持ちになる方法』（光文社）という本を書いているくらい、ネット検索の重要性を認識しています。
しかし**本当に重要な情報は現場にある**、ということもまた強く認識しています。それは現場を直接見るということと、現場にいる人に話を聞くということです。

そして、現場の人から情報を引き出し、ニュートラルで客観的な発想や問題解決を考えるには、先入観や思い込み、こだわりや好き嫌いはいったん横に置く必要があります。

たとえば「なぜ税金はこんなに高いと思いますか？」という質問は、税金は高いという前提で話を進めようとしているわけですが、自分の勝手な先入観で質問を考えると、客観的な情報は得られなくなります。

そのため、特に未知の分野では、「**自分はバカなので教えてください**」というスタンスで臨むことです。

ただしそれは、無知で臨んでよいということではありません。取材でもインタビューでも商談でも、関連する知識を事前にインプットしておかないと、やはり質問のピントがズレやすいからです。

そこでまずは一次仮説を作って質問項目を考えることです。自分が仕入れた情報で一次仮説を作り、それを相手にぶつけて相手の問題意識を探ったり、実情との差を埋めていくのです。

ここでいう一次仮説とは、先ほどの先入観とは違い、たとえば「こういう問題が起こることはありますか？」「こういうのってアリですか？」「ここをこう変更すると、どんな影響がありますか？」など、自分の仮説と相手のニーズをすり合わせていくための質問です。

すると相手も「はい、実は今それで困っているんです」「やったことはないですが、それもアリかと思います」「それをやると大幅なコストがかかります」といった反応をしてくる。

そのやりとりをしておくことで、「えっ、想像したのと違う」「それはムリです」「それではほかに悪影響が出ます」といった手戻りをなくし、スムーズな業務の遂行につながります。

第3章

時間投資の元本を作る方法

評価軸とその優先順位を持つと意思決定スピードが上がる

ほしいものが二つあり、迷って結局決められなかったという経験はないでしょうか。**意思決定に時間がかかる理由の一つに、自分の判断軸が明確でない、あるいは判断軸の優先順位付けがあいまいであること**が挙げられます。

たとえば家を買う場合も、選定基準は金額か、駅からの距離か広さかなど、優先順位が決まっていれば、候補を絞り込むスピードは上がります。

しかし、基準が「新築の家がほしい」「自分の収入で買える金額」程度しかないと、たくさんの新築モデルルームを渡り歩いたものの、どれも同じに思えてきて迷います。やがて疲れて家を買う情熱も冷め、結局断念した、という人は少なからずいます。こうなると、家の検討に要した時間・労力はすべて無駄になってしまいます。

あるいは人材採用の場面でも、評価軸とその優先順位を持っておくと、納得性の高い意思決定が短時間でできるようになります。

たとえば私が以前働いていた外資系企業の中途採用では、論理性や志望動機の説得力、将来ビジョンの明確さなど約7項目の評価軸があり、それぞれ10点満点で採点していました。

さらに各評価軸でウエイトが異なり、たとえば論理性は20%、志望動機の説得力が10%などで、それに点数を乗じて合計得点を出します。

ちなみに前職では、点数やウエイト評価はされないものの、最終的に非常に重要視される軸がありました。それは「この人と一緒に働きたいか」でした。

もう一つ。様々な意思決定が求められる立場の人が、単なる自分の好みや印象で判断すると、あとで「あの人、何でこれにしたのかねえ?」なんて批判を受けることになりかねません。

しかし**評価軸とその優先順位を明確にしておくと、「こういう基準で合理的だと判断し、これに決めたのです」と、周囲からの納得性も高まるというものです。**

優先順位の判断軸は、ゲインかペインか

どの仕事から優先的に取り掛かるか、私は「**ゲインかペインか**」という軸で判断しています。

ゲインは「利益・儲け」という意味で、「これをやると収益になる・もっと儲かる」「これをやるとコスト削減になる」という仕事、ペインは「痛み」ですが、ここでは「これをやらないと損失になる」という意味です。

たとえば「怒られる」「評価が下がる」「信用を失う」「あとで余計な手間になる」「コストアップになる」となることを回避する仕事です。

ゲインとペイン、どちらの仕事を優先させるかは、そのインパクトの大きさと、影響を及ぼす時間の長さで決めます。

たとえば私の場合、不動産取引をしていますから、購入したいという人にはいち早く対応しますが、ただの問い合わせメールは午後に後回し。そして、金額が大きいために、クレームになるとやっかいです。そういった案件は即対応しつつ、部下からの相談には状況を見て対応します。

会社員であれば、対顧客向けの仕事はゲインなので優先的に取り組み、次にペインがより大きいものを優先的に取り組みます。

ただし前述の通り、**本当に優先させたいのは未来につながる「ゲイン」となるタスク**です。ペインのタスクは基本的に「しなければならない」ものがほとんどです。

好きな仕事か得意な仕事を選ぶ

「仕事に集中でき、仕事のスピードが上がる。効率や成果が上がって、そのくせやっていて楽しい・充実している」という状況を手に入れるには、やはり**自分の好きな仕事をやること**です。

仕事も同じで、楽しいから調べたり考えたりというプロセスが苦にならない。ひるまず挑戦できる。どんなに時間を使っても、ストレスにならない。興味関心が強いから、ちょっとくらい壁にぶつかっても、あきらめない。没頭できるし、その集中力の持続時間も長い。

そうやってますます能力が向上し、成果を出せる人材になっていく。仕事が楽しいという状態になれば、毎日が楽しくなります。

ですから私は、**時間術うんぬんの前に、仕事を好きになるか、好きな仕事を選ぶべき**だと考えています。

もちろん、実際にやってみなければ好きかどうかはわかりませんし、ある程度上達しなければ、本当の楽しさは見えてこないでしょう。

そういう意味でも、20代のうちはあまり選り好みしないで、任された仕事はとりあえず何でもやってみることも大切だと思います。

　しかし30代以降は、自分の得意領域、不得意領域が見えてきたとき、本意でもない仕事をやったとしても、生産性は上がりませんし、成果もそれなりで終わってしまいかねません。

　そう考えれば、**仮に年収が下がる転職でも、私はまったく構わないと思います**し、むしろそのほうが望ましいとも思います。

　最初から好待遇で転職すると、周囲からは「あの人はどれほどの力量か」という目で見られますが、最初は安月給でも、認めてもらって昇給すればそうした嫉妬もないですから、自分の居場所も確保しやすいというものです。

上司をつかまえる技術

上司の確認や判断を仰ぐ場面は多いと思います。しかし有能な上司ほど多忙で、デスクに座っている時間は短く、「ちょっとよろしいですか？」と聞いても「スマン、あとにしてもらえる？」などとつかまえにくいものです。

事前に上司と打ち合わせする時間を確保できればよいのですが、急ぎ上司に判断を求めなければならない場面は頻繁に出てきます。すると上司の決裁が必要な仕事は滞り、それがボトルネックになって全体のスピードも下がってしまいます。

そこで、上司をつかまえるテクニックを身に付けておくと便利です。

それは「**1分だけいいですか？**」というフレーズです。「ちょっといいですか？」では、上司もどれくらいの時間を取られるか不安なので後回しにされやすいですが、

「1分で済むならいいか」とたいていの人は受けてくれるものです。

また、上司が外出のためデスクを立ったらすぐに追いかけて、エレベーターに一緒に乗り、上司が会社の玄関を出るまでの間で報告・相談をする。

あるいはトイレであれば追いかけて一緒にトイレに入り、上司の隣で用を足すフリをしながら報告する。

ただしこれをやるには、**伝達事項を頭の中で簡潔にまとめておく必要があります。**

よく**「エレベータートーク」といって、エレベーターに乗っている15秒間で伝える技術**がビジネス書などで紹介されていますが、それと同じです。

また、いずれ上司に出てきてもらう場面が想定される場合は、相手とメールをやり取りする始めの段階からCCもしくはBCCに上司を入れておきます。すると経緯の説明をある程度省け、問題が起きた時もスムーズに相談できます。

ただし、何でもかんでも上司をCCに入れておくと、上司も「またか」と感じて精読率が下がり意味がなくなるので、混み入った案件やクレーム案件、関係者と利害関係がぶつかる案件などに絞ったほうがいいでしょう。

意見が分かれたらプロコン分析をし第三案を出す

「意見が二つに分かれてなかなか決まらない」という場面に遭遇した経験はあるでしょうか。どちらの言い分も一理ある。だから余計決められない……。

こんなときにやってみてほしいのが「**プロコン分析**」です。

これは**自分とは反対の意見にプロ（Pros＝長所）とコン（Cons＝短所）を相互に書き出すことで、メリットデメリットを客観的に把握し、最終的にどちらかの案に、あるいは双方の良い部分を取って第三案を導き出そうという手法**です。

ちょっと極端な例ですが、たとえば社員旅行の行き先を決める会議で、「やっぱり温泉でしょう」というおじさん連中と、「海辺のリゾートがおしゃれ」というＯＬ派で意見が分かれ、収集がつかないとします。

そのとき温泉派は、海辺のリゾートの長所を挙げ、温泉の短所を挙げます。海辺のリゾート派は、温泉の長所を挙げ、海辺のリゾートの短所を挙げます。

つまり、**相手の主張の長所と自分の主張の短所を考えることで、感情的になったり意地を張ったりする状況を抜け出し、より客観的な視点に立ち戻るきっかけとする**のです。

この場合「相手の長所なんて見つからない、自分の短所なんて見つからない」という意見はＮＧで、数多く出すことを良しとするルールです。

すると最終的に双方が折れ、「では海辺の温泉宿ということで」とか、「では温泉がある高原リゾートで」というふうに、第三案を見出すことで、双方が納得できる結論に着地する可能性が高まるわけです。

もちろん、いつもこんなにうまくいくとは限りません。しかし、自分の主張とは異なる主張の優れた点、自分の主張の欠点をあえて見つめることは、より客観的かつ論理的な視点を持つうえで、いいトレーニングにもなります。

悩むのではなく問題解決を考える

最近「老後破綻」「老後難民」「下流老人」なる言葉がメディアに出てきて、老後のお金の問題を極端に不安視する人が少なくないといいます。

しかし現実には、**不安に感じていることの9割は起こらない**というアメリカの調査結果がありますし、悩んだところで事態が改善するわけでもないので、やはり時間の無駄です。

大切なのは悩むことではなく、その問題の本質を洗い出すこと。そうすれば、悩みや不安は課題として可視化され、解決方法が見えてきます。あとは解決のための行動を起こすだけ。

前述の老後破綻にしても、これは単にお金の問題に過ぎません。ならば、たとえば年金給付の削減に備えて確定拠出年金や個人年金に加入しておくとか、医療費がかからないよう生活習慣を改善する、定年退職後も収入が得られるよう、起業の準備をしたり資産運用をしたりするなど、いくつか対策を思いつくでしょう。

子どもが不登校になって悩んでいる、というケースも同じで、「困った」と頭を抱えるのではなく、なぜ学校に行きたくないのか、原因を突き止める。

いじめがあるのなら学校に相談するとか、転校するという方法もあるでしょう。勉強が面白くないというなら、ではどうすれば面白くなるかを考える。

あるいは「別に学校なんて行かなくてもいいじゃん」と、無認可でものびのびと遊べる施設に行かせてもいい。義務教育を外れても、大学に進学できなくても、生きていく道はたくさんある。

そうやって**悩みを課題に変え、解決方法を考えるようにすれば、人生で起こる問題のほとんどは解決できる**はずです。

もしその解決方法を実行できない場合は、それよりももっと重要だと思っていることを選んでいるだけ。

たとえば「今の会社の人間関係がイヤだ。でも転職はできない」というなら、転職のリスクとリターンよりも、今の職場で我慢するほうが自分にとっては重要だということになります。ならば今の職場の不平不満を言うのはまったく意味がない行為だとわかります。

無駄な会議をどう変えていくか

組織が大きくなるほど、あるいは役職が上がるほど、会議は増えていきます。そのため、「月曜日は1日のほとんどが会議」という人も少なくありません。

しかし**会議をしている時間は基本的に収益を生みません。**また、出席者全員の時給を合計すると巨額なコストとなるように、**自分の時間が奪われるだけでなく経営的に**

もマイナスです。そのため、会議はできる限り減らす・短時間で終わらせることが望ましいといえます。

たとえば私の会社では、情報共有の会議を週1回、それも30分程度におさえ、あとは15分ほどのショートミーティングを多用していました。

しかし、自分が会議の主導権を持っていない場合は、効率的な会議運営を心がける、あるいは提案することになります。

会議には、

①**伝達・共有するための会議**
②**判断や決断など意思決定の会議**
③**アイデアを出し合う会議**

の3種類があります。

最も非効率で生産性が低くなりがちな会議が①の伝達・共有のための会議です。

指示・徹底のための会議は必要ですが、自分や自部門に関係ない報告、すでに知っている内容の報告を聞くのは退屈です。

確かに社内のいろいろな動きを把握できるというメリットはあるものの、経験を積んで社内事情に通じてくると、もはやどうでもいいことです。「そんなのメールでいいじゃないか」と思ってしまうでしょう。かといって出席しないわけにもいかないのですが、これをうまく使うには二つの方法があります。

一つは、発信される情報それぞれに「自分はこう考える」「自分ならこうする」という反論や、**「勝手にコンサル」**を脳内で展開することです。

「勝手にコンサル」とは、会議で議題に上る案件に対し、「もし自分が経営コンサルタントだったら、こう助言しよう」と頭の中でシミュレーションすることです。これは論理的思考力を鍛えるだけでなく、一段高い視点で経営を考える訓練にもなります。

ちなみに二つ目は内職です（笑）。

②の判断や決断など意思決定の会議で重要なことは、**「出席人数を絞る」「事前にアジェンダ（議題・議案）を配り考えてきてもらう」「部門間の利害が対立する事案は事前に根回しする」**ことです。

人数が多いといろんな立場からいろんな意見が出て、脱線したり収集がつかなくなりがちです。事前にアジェンダを配っておかないと「すぐに決められない」「持ち帰って部内で協議してから」となりかねません。事前に根回しをしておかないと、強硬な反対意見が出て紛糾するリスクがある、というわけです。

③のアイデアを出し合う会議で重要なことは、先ほどの②の条件に加え、**「最初に目的を共有しておく」「批判ではなく代案を出す」**ことです。そして、これらを**ホワイトボードに書きながら行う**ことが重要です。

「最初に目的を共有しておく」とは、「この会議で何を得たいのか」ということです。ただのブレーンストーミングなのか、作業内容や分担をすり合わせる会議なのか、問題解決のための会議なのか。

仮に目的が問題解決であれば、最終的には「誰が、いつまでに、何をやるか」まで落とし込む必要がある、とわかりますから、「結論が出なかった」という事態になりにくくなります。

「批判ではなく代案を出す」ことは、「できない理由を探すのではなく、どうすればできるかを考える」に通じる重要な考え方で、①や②の会議にもいえますし、会議に限らず普遍的に大切な姿勢です。

多くの人は「そんなのムリ」「○○になったらどうするんだ」「誰が責任を取るんだ」など感情で反発しがちです。

しかし、そもそも「批判」も「できない理由」も、言ったところで1円にもなりません。ただ批判するだけなら子どもでもできます。なぜなら、考えなくてもいいからです。「それはこういった理由で難しいと思いますので、こうしてみたらいかがでしょう？」と、批判するなら代案をワンセットで主張する意識を持ちましょう。

「ホワイトボードに書きながら」議論を進めることは、全員が同じ論点・進度で議論でき、脱線などを防いでくれます。

これは他人に説明する時も同じで、**ノートやコピー用紙に書きながら話すと、会話は自分のペースでスムーズに進みますし、相手にとっても理解が得やすくなり、質問すべきポイントも明確になります。**

そしてホワイトボードの内容をスマホで写真を撮ってシェアすれば、そのまま議事録となりますから、手間も最小限で済みます。

こうしたことを心がけることで、会議の数をコントロールできない立場の人でも、「質」はある程度コントロールできます。それはすなわち密度の濃い議論、効率的な進行となり、時間の短縮や、同じ時間でこなせる議案が増える効果が期待できます。
もちろん、権限がある人は、メールでシェアすればよい程度の会議を減らし、1回の会議の時間に「1時間で決める」とデッドラインを設けるなど、生産性の高い会議運営を意識する必要があります。

ITガジェット・ツールを使いこなす

ITを使いこなすことは、以前は不便だったことが便利にできる、以前は難しかったことが簡単にできるなど時間をうまく使うことにつながります。

たまに「自分はそんなの興味はないね」と無関心を装ったり、「なんだか面倒くさそう」と食わず嫌いになっている人もいますが、**生産性を高めるためにはやはり文明の利器を活用する姿勢を持ち続けること**です。

そこで、私が実践しているITツールについてご紹介します。ただし、私が個人的に便利だと思ってやっているに過ぎませんから、あくまで参考程度に読んでいただけたら幸いです。

PCは1台に集約

仕事はパナソニックのレッツノート1台に集約しています。これはモニターをくるりとひっくり返すとタブレットにもなるノートパソコンです。

これが会社用と自分用とでメーカーや機種が違うと、特にキーボードの大きさや矢印ボタンの配置場所などが違うために、スピードが落ちたり誤入力になったりしやすい。これはストレスです。

しかし1台でこなせば、パソコンを買い替えても早く慣れますし、キーボードの配置やタッチ感を一定にできるので、入力のスピードが上がります。

また、ファイルの共有、ウェブサイトのお気に入りの共有といった作業が不要になります。仕事に必要なデータはすべて入っているので、検索すればすぐに取り出せます。

そのため私はデータの保存のためにクラウドサービスは一切使っていません。

私が感じているクラウドサービスの問題点は、「電波がつながらないと使えない」「ダウンロードやアップロードに時間がかかることがあり、イライラする」「一定容量を超えるとお金がかかる場合が多い」「ID・パスワードの管理が増える」「提供企業側の都合で突然終了することがあり、データの移動が面倒」という点です。

セキュリティ上の問題など会社の規定でやむを得ない場合はともかく、個人用のパソコンを持ち込んででも統一できると効率的です。

自動バックアップ

しかし、1台に集約すると、どうしても故障のリスクが高まります。毎日ハードに使っているし、持ち歩いているからそれなりの衝撃にもさらされる。すべてのデータが入っているということは、なくしたり壊れたりしたらすべてパー。

そこで自宅では、マルチドックにポータブルハードディスクをつないで週に1回、夜中に自動でバックアップする設定にしています。

自宅ではドックに接続して大画面モニター

マルチドックは非常に便利で、帰宅したら1本のコードをノートパソコンのUSBにつなげるだけで、このドックにつないだマウス、ハードディスク、液晶モニター、スピーカーがすぐに使えます。外出する時もコードを外すだけです。

自宅ではネット検索をすることがメインなので、大画面の液晶モニターに接続して使っています。検索中は複数のウェブサイトを同時に開くことが多いため、画面が大きいほうが見やすく便利です。23インチで3万円程度と値段もそれほど高くありません。

キーボードは必須

私のノートパソコンはタブレットにもなるタイプですが、やはり入力でも検索でも、キーボードがあるほうがスピードは上です。

ですから電車の中など立っているとき以外はタブレットモードにする機会はなく、メールの返信も急ぎの時以外はカフェや自宅でやります。

こま切れ時間でできるからスマホやタブレットで十分という人はそれで良いと思いますが、私の場合は画面からの入力はどうも苦手で、思考スピードに入力がついてこれないためにまどろっこしさを感じます。

フリック入力なら確かにスピードも上がります。たとえば私の妻はスマホだけでほぼすべての業務をこなしており、ものすごい速さでフリック入力をしています。これは慣れというか好みの問題でしょうか。

PCはワンシーズン型落ち品

私は動画の処理などもノートパソコンでやりますので、2～3年ごとに高性能パソコンに買い替えています。古いパソコンは下取りに出して新型を買う資金の足しにしています。

ただし、最新モデルを買うことはほとんどなく、たいてい一世代前の型落ち品を買っています。たとえば夏モデルが出たら、前年の秋冬モデルを買う、という方法です。

なぜなら性能に比べて明らかに価格は安くなっていることが多いので、躊躇することなく買い換えができますし、コストパフォーマンスも高いと感じます。

そしてデータ引っ越しソフトを使えば、作業環境もそのまま新しいパソコンに引き継ぐことができます。

スマホにお金をかけすぎない

私はリターンがないものにお金は使わない主義で、スマホは格安ＳＩＭを使っています。機種代金は1万円ちょっと、毎月の通信費は3千円くらいです。高機能スマホを持たないのは、私にとってスマホは1円も収益に貢献しませんし、コスト削減にもつながらないからです。

以前、毎日のようにFXトレードをやっていたときは、スピードやつながりやすさが重要だったので、大手キャリアでアイフォンを使っていました。

しかし現在はそこまで頻繁ではなく、自分でロジックを組んで半自動売買に切り替えたので、スマホの重要性はかなり下がったからです。

確かに大手キャリアの最新機種なら、いつでもサクサクと快適です。それに対して格安ＳＩＭの格安機種では動きも遅く、通信が込み合う時間帯では地図アプリなどもスムーズに読み込めません。

しかし、その程度のことで、普通に使う分にはまったく問題ありません。

電車に乗ると、最新スマホを持ってゲームをしている人を見かけることがありますが、回収できないものにお金を払うのは、私にとってはナンセンス。

お金や時間を生まないものにお金をかけても仕方ないので、今はこれで十分です。

そしてまた自分の動き方・働き方が変われば、それに対応して道具も変えていけばいいと考えています。

TO-DOアラートで思考領域を開ける

スマホで頻繁に使っているアプリの一つがTO-DO管理です。重要なTO-DOは手帳に書きますが、それほどでもないちょっとした買い物、1か月以上先の出張の新幹線予約（新幹線は1か月前からしか予約できない）、1年以上先のTO-DO（インターネットプロバイダーの変更など）は、TO-DOアプリに入れておき、アラートメールが来るようにしています。

そうすれば**「やるべきことがある」と覚え続ける必要がないので、脳の思考領域を「今重要なこと」を考えるために開けておくことができます。**

反対に、「あれもしなきゃ」「これもしなきゃ」という焦りが頭の中に常にあると、集中力が阻害されてしまいます。

そこで私の場合、「頭の片隅に置いておく」のではなく、「記録して忘れる」ようにしています。

miracastで家族とシェア

私は妻と一緒に「ビジヴォ」というボイストレーニングスクールを運営しているので、夫婦の会話は仕事の話がほとんどです。

そのときに便利なのが、PCやタブレットの画面をテレビに無線で飛ばせる「miracast」という機器です。

たとえば競合のウェブサイトをテレビ画面で一緒に見ながら「あれはいい」「ここを真似しよう」などとディスカッションしたり、フェイスブックを見ながら「この人は〜」などとそれぞれの人脈を共有したりしています。

また、動画も映せるので、動画サイトの映画やアニメを見たり、子どもに教育番組を見せたりすることもできて非常に重宝しています。

一つの行動で複数の目的を達成する

たとえば出張で初めての場所に行くとき、延泊もしくは前泊して観光旅行も兼ねる人もいると思います。

あるいは通勤手段を電車から自転車に変えることで、「満員電車によるストレスを軽減し、運動不足も解消する」人もいるでしょう。

このように、一つの行動で複数の目的が達成できれば、より合理的です。

そこで、「何かをする」「どこかに行く」「誰かと会う」ときは、その**一回の行動で追加のメリットを得る方法はないかを考える**ようにします。

いわゆる「ついで」で、「ちょっとそこのコンビニに行ってくるけど何か買うものある？」みたいなイメージです。

外出するときは、同じ方向・同じエリアにある施設を思い浮かべ、**複数の用事を同時に済ませられないか考えてから出かけます。**

たとえば、通勤定期の区間内で買い物を済ませれば、交通費が浮きます。打ち合わせ場所を、予約してある美容院の近くに設定し、打ち合わせのあと美容院に行けば、二つの用事を無駄なくこなすことができます。

卑近な例で恐縮ですが私の場合、自宅でトイレに入ったら必ず歯磨きをします。手を洗うのが一回で済みますし、歯磨きの回数もサボらず確保できるからです。

仕事でも、たびたび海外に行きますが、そのときは必ず「現地の日本人不動産業者にアポイントを取って案内してもらう」ことを習慣にしています。

事前にその国で不動産売買を手がけている日本人のブログやホームページを検索し、「不動産を買いたいから案内をお願いしたい」とアポイントのメールを送ります。

そして実際に不動産を購入した業者や、信頼できると判断した業者とは、後日日本でジョイントセミナーを開くなどビジネスにつなげています。

すると私には、「タダで現地を案内してもらえる」「セミナー収入になる」「顧客に紹介して物件が売れれば紹介手数料がもらえる」「本や講演のネタになる」という複数のメリットが得られます。

もちろんこれは私がセミナーを開催したり本を出版したりなど、情報発信できる機会や媒体を持っているからという側面はあるでしょう。

とはいえ、「ただ遊びに行く」「ただ買い物する」それで終わり、ということを極力避け、**自分が何かをやることに対して、常に追加メリットが生まれるように取り組む**ことを意識しています。

ちなみに、私の妻はボイストレーナーの仕事をしているのですが、営業電話がかかってきたら、「もっと良い声を出せると営業の仕事には武器になりますよ。ボイストレーニングを受けてみてはいかがですか」と逆営業しています。

もっともこれはしつこい営業電話を早く終わらせるテクニックで、実際にこれで仕事になったことはないのですが、営業に来た相手を営業で返すという発想に、私も感嘆しました。

月曜日はアポイントを入れない

月曜日はほとんどの会社で会議が開かれると思います。特に大きな組織になると、他の勤務地にいる他部門の人、工場など現場の人たちも本社に集まってきます。しかし、その日に外出のアポイントを入れてしまうと、彼らとのコミュニケーションが取れません。そのため他部門との調整や相談事がある場合は、月曜日など会議のある日はなるべく空白にしておくことです。

逆に言えば電話をかけて相手がつかまる可能性が高いので、自分が取引先に連絡するには向いています。つまりアポイントを取るという業務では有効です。

もう一つ。もし可能であれば、日曜日の夕方に少し会社に立ち寄って（あるいはメールを自宅でも受け取れるようにしてもらって）、メールの処理や日報など、月曜日にやるべき雑務を片づけておくことです。

というのも、**月曜日は上司からの指示や経営トップからの方針が発表されるなど、その週の動き方を決める重要な日になるため、ここで雑務に追われるのは避けたいから**です。

月曜日は一週間の業務の組み立てができるように、余裕を持っておく。その解決方法が、前日に少し片づけておくという発想です。

「日曜日に仕事なんていやだよ」と感じるかもしれませんが、メールの処理や業務日報を書く程度なので、所要時間は1～2時間くらいではないでしょうか。

私もサラリーマンのとき、休日でもオフィスに入れる会社だったので、日曜日の午後に会社に寄って雑務を済ませていました。もちろん残業代をもらうことはありませんでしたが、月曜からの仕事がスムーズになりました。すべては自分が最も効率よく動くための工夫です。

移動は原則一人で行動

生産性を高めるには、やはり一人になれる時間と空間が必要です。

そのため、集中して取り組みたい仕事があるときは、たとえば空いている会社の会議室にこもる、早朝など誰もいない時間帯に出社する、カフェに行くなどによって、**他人から話しかけられたり電話がかかってきたり、集中力を阻害する要因を回避する**ことです。

同じような発想で、**移動は一人が原則**です。

たとえば、上司や部下と一緒に取引先へ訪問するなどの場合、誰かと一緒だと、書類やメールを読んだりするのはなかなか難しいと思います。電車で1人分の空席があっても、自分だけ座るのも抵抗があるでしょう。間が持たなければ、何か会話をしなければと気も遣います。

そこで会社を出るときは「ちょっと用事があるので」と言って先に出て、訪問先からの帰りも「ちょっと銀行に寄ってから帰ります」などと別行動をとることです。

ただし、上司と一緒に訪問先から帰る場合、商談後なら今後の動き方に対するアドバイス、プレゼン後ならそのフィードバックをもらえるなど、貴重な学びの時間になることもあるので、その場合は一緒のほうがいいでしょう。

待ち合わせ場所には1時間前に行っておく

私は**外で待ち合わせるときは、なるべくホテルのロビーラウンジやカフェを指定し、1時間前に行っておく**ようにしています。これにはいくつかの効用があります。

時間ギリギリに出ると、電車が遅れる、渋滞に巻き込まれるといったリスクがあります。また、**「あと○分後には出ないといけない」と気にしながらオフィスで過ごす**

1時間より、現地に行っての1時間のほうが、遅刻することがないので集中できます。

さらに、10分ほど早く着いても何もできず近所のコンビニで雑誌を立ち読みするかスマホをいじることくらいしかできません。しかし、1時間というまとまった時間があればひと仕事は可能となり、コマ切れ時間を発生させなくて済みます。

仮に駅で待ち合わせ、相手先のビルの前で待ち合わせということになっても、近くのカフェを調べて先にそこへ行っておき、約束の時間ギリギリまで仕事をするようにしています。

プライベートのときに外で待ち合わせる場合は、よく書店を使います。これなら仮に相手が遅れても、本を読んでいれば気にならないからです。

たまに駅の改札やデパートの入り口で、「遅い！」などとケンカをしているカップルを目にすることがありますが、書店であればこのようなこともありません。

外出の予定はまとめるか、分散させるか

外出はもっともこま切れ時間が発生しやすいといえます。

たとえば自宅から駅に移動する、駅で電車を待つ、電車に乗る、最寄り駅から訪問先まで移動する。そして帰りも同じく移動時間や待ち時間が発生します。

もちろん営業など外に出るのが仕事という人はやむを得ませんが、もし予定をコントロールできるなら、外出の日を特定の日にまとめてしまうとかかる時間を短縮できます。

すると**週のうちにまったく外出しなくていい日が生まれ、「今日は何時にあそこに行かないといけない」**というプレッシャーもなくなり、**自分の仕事に専念できます。**

逆の発想もありで、1日中集中し続けることはできないのだから、**集中力が切れた**

ころに外出の予定を入れることで、仕事と気分転換の両立を狙うという方法もあります。

たとえば午前中に重要な仕事を充て、集中力がなくなる午後に外出の予定を組む、というものです。

この場合、どうせ集中できないのだから、こま切れ時間が発生してもぼーっとしていればいいと割り切ることができます。

どちらが向いているかは人それぞれですが、自分の生産性が最高になる組み立てになれば、どちらもアリだと思います。

人と同じ行動をしない

もはや改めて言う必要もないくらいですが、**何事も人と同じでは人と同じ成果しか得られません。**ですから同じ事象や状況に直面しても、**他人とは違うように発想し、**

違うように行動する姿勢を持つことです。

その一つの方法が、他人と逆を行く、というものです。

たとえば投資でも、「皆が売っているときに買い、皆が買っているときに売る」つまり暴落時に買い、高騰時に売ることで利益を手にできることがあります。

これは仕事でも同じで、不景気で皆が広告費を削減しているときこそ広告を打つ。広告代が安く、目立てるチャンスだからです。

皆と一緒にバブルの波に乗ったほうがトクな場合もありますが、日常の様々な場面で**「こういうとき、一般人はどう動くかな?」「じゃあ、自分はこう動いてみよう」という発想は、市場のひずみを見つけることにつながる**一方で、時間を有効に使う一助にもなるはずです。

金曜日に飲み会を入れず、一次会で帰る

仕事が終わったあとだけでなく、会社が休みの土日・祝祭日も貴重な自分の時間。ですから、たとえば**休日は寝だめをするのではなく、いつも通りの時間に起床して有効に使いたい**ものです。

そう考えると、**土日が休みの会社員の場合、金曜日の夜に飲みに行くのはリスクがあります。**なぜなら、翌日は休みだという安心感がタガを外し、深酒となって翌日は長時間寝てしまい、土曜日の午前中を無駄にしまう可能性があるからです。

あるいは時間を忘れて気づいたら終電を逃したとか、終電に乗れても寝過ごして終点まで行ってしまい、タクシー帰りとなって余計なお金まで失うことになりかねません。

ですから、**飲みに行くなら金曜以外の平日**がおすすめです。同席している全員に「明日も会社があるから早めに切り上げよう」という心理的なブレーキが働き、「もう1軒行こう」と言い出す人が出る可能性も低いからです。

もう一つ。仮に二次会という流れになっても、一次会で切り上げて帰ることです。自分が二次会に参加したときのことを思い出せばわかると思いますが、何を話したかもあまり覚えていないことがほとんどでしょう。

そんな時間に意味はないですし、これも前述の通り深酒に浪費のダブルパンチになりかねません。

「それじゃつきあいが悪いヤツと思われそう」と不安に感じるかもしれませんが、大丈夫です。皆すでに酔っていますから、そのときは「えーっ、つきあい悪いなあ」と言われたとしても、**二次会に来なかった人のことはすぐに忘れてしまいます。**誰が一次会で帰ったかなんて、まず気にしないものです。

名刺は整理せず、返信メールを送って捨てる

もらった名刺はスキャナーで読み取ってOCR機能でテキストに変換して管理する。あるいは秘書やサポートスタッフに入力してもらう……。

名刺管理の方法はいろいろあるかと思いますが、私はまったく管理しておらず、失礼ながら、帰るとすぐに捨ててしまいます。

というのも、**仕事上で必要な人なら名刺交換をした直後にお礼のメールを送る**からです。すると相手からもメールで返事が来て、そこにはたいてい署名が入っているため、あとで必要になっても検索すれば出てくるのです。

名刺交換したらすぐにお礼メールを送って捨てるのが、もっとも簡単で手間暇もかからない方法です。

ちなみに、特に仕事ではからまないけれども意気投合した人とはどうするか。その場合、フェイスブックでつながっておきます。

フェイスブックは住所や電話番号は伏せられていることが多いのですが、プライベートな相手ならそれで十分。逆に仕事の相手とは書類や電話のやりとりをすることがあるので、メールのほうが便利です。

マニュアル化し他人にバトンタッチ

大量の仕事をスピーディーにこなすには、やはり他人の力を借りることです。自分がやったほうが速くて正確だから、という気持ちはわかりますが、自分で全部抱えてしまうと、やはりキャパシティに限界が来てしまいます。

そこで**いかに他人を巻き込むか、他人に任せるかが重要になります。**そのテクニックの一つが業務を標準化し、マニュアルを作ることです。

たとえば、私たち夫婦が経営しているボイストレーニングスクール「ビジヴォ」の立ち上げ時は、受講生の数も少なかったので、私と妻の二人だけで運営していました。しかし、申し込みや受講生が増えてくると二人だけではまわらなくなり、受付事務は外注に出し、現場で教える講師も雇うことにしました。

さらに企業研修や全国のカルチャースクールでの講義も増え、講師養成コースも設けたところ、ますます回らなくなり、追加で講師を3名増やしました。

このとき、教え方のマニュアルを作ってそれに基づいて指導してもらうようにしたため、スクールの質を落とすことなく運営できるようになりました。

最近ではQ＆Aサイトに専門家として答える仕事が加わりましたが、これも「投稿マニュアル」を作って各講師に渡して任せています。

こうすることで、妻は**現場での仕事から解放され、営業や情報発信といった集客に専念できるようになりました。**

私も**受付や時間の調整といった仕事に追われることなく、入金確認やイベントの企**

画、ウェブサイトのチューニングなど、営業面に時間を割くことができています。

職人技などは確かにマニュアル化は難しく、属人的なスキルは徒弟制度などで継承していく必要があるのかもしれませんが、たいていの業務はマニュアルを作ることができます。

自分がやって価値が出ること、自分にしかできないことに専念するためには、「誰がやっても同じ価値が出せる」「自分でなくてもできる」仕事をどんどん外に出していくことです。

全体像が俯瞰できるようにしておく

アスレチック施設の中には、自分で歩いて脱出する迷路のアトラクションがあります。壁に阻まれて歩くと方向感覚を失ってしまいますが、上から見ると方向は一目瞭然です。

サッカーやバスケでも、自分がプレーしていると、どこにフリー選手がいるかはわかりにくいですが、ピッチや観客席にいればわかります。

目の前のプレーに集中していながら、ピッチ全体を上から見ているかのごとく把握できる能力を、「バードアイ」とか「イーグルアイ」などと呼ぶことがあります。

私たちも、目の前の仕事に集中しつつも、常に全体像を俯瞰する意識を持ちたいものです。

特に忙しいときはなおさら、目の前しか見えなくなり、手戻りや重複、待ち時間が発生しかねません。

それを防ぐために、**全体像が常に把握できるようにしておく**ことです。

そうすれば、自分がいまどこにいるのか、何をやっているのか、今後はどうなるかがわかりますから、無駄が減らせます。

たとえば長期にわたるプロジェクトなどでは、いつからいつまでに何をするのか、このタイミングであの人が加わる、みたいなロードマップを大きな紙に書いて壁に貼っておきます。常に手順を確認できるので、進捗管理が容易となりミスを減らすこともできます。

スケジュールも同じで、私の手帳は見開き1か月のブロックタイプです。これなら月全体の予定が一目でわかるため、「あのイベントがあるから、この仕事は前倒しでやっておこう」などという判断ができて便利です。

未経験の新しい仕事に取り掛かるときも、いきなり作業を始めるのではなく、まずは最初から最後までの全体像をノートに書いてみます。

すると、別の部署がからむ作業が発生するとか、上司の確認をもらう必要があるとか、どこで最終チェックをしなければやり直しができなくなるかなどがわかりますから、効率的な作業手順を組むことができます。

好調・不調の波に乗る

気分が乗らないときに必死で仕事をしようとしても、机やパソコンの前で悶々とするだけです。時間がいたずらに過ぎるばかりで、はかどらないことがあると思います。

そんな状態で無理してウンウン考えても疲れるだけで、何も良い案は出てきませんし、何より楽しくありません。

特に「考える」「アイデアを出す」という場面では、「がんばる」ことが時にマイナスとなります。

そこでそんなときはスパっとやめて、ほかのできることをやります。つまり**「行き詰まりかけたらやめる」「そのときにやりたいと思えることをやる」こと**です。

これなら、その時々でやりたいことができるので、仕事に集中できます。ノれる仕事だけやればいいので、いつもノリノリです。ですから、仕事が楽しく感じられます。

ただし、そんな状態にするには、「締め切りに追われる仕事」を多数抱えていてはできません。今日中にやらなくてはいけない仕事があるのに、「気分が乗らないから後で」というわけにはいかないでしょう。

「今やる気の出る仕事だけを選ぶ」ことができるようになるには、やはり前倒しで取り掛かっておくことです。

すべての仕事を締め切りよりも早めに進めていれば、どれもまだ時間的に余裕があるので、「これは今日は後回しにしよう」という判断が可能だからです。

もう一つは「自分の調子の波」を意識しながら仕事に取り組むことです。

「今日はノってる」「今日はなんかダメっぽい」という波を感じられるようになると、それに合わせたタスクの選定が可能になりますし、何より疲労や行き詰まり感を覚えることなく、常に前向きに取り組めるようになります。

締め切りの恐怖感で一気にやっつける

仕事の中には、前向きでワクワクする仕事だけでなく、どうしてもやる気が起こらない、つまらなくて面倒なタスクもあるでしょう。

そこで、そういう**タスクは思い切って放置し、締め切り直前まで忘れてしまうという方法もあります。**

なかなか手が付けられず、いつも頭の片隅で気になるという状態よりも、どうせやらなければならないことだから、いっそのこと直前まで忘れておき、ＴＯ‐ＤＯアラートをギリギリまで引き延ばしておくのです。

すると、アラートメールが来たときにはすでにヤバい状態ですから、恐怖でおしりに火が付きます。そんなときはすさまじい集中力が出て、面倒だ、つまらないと思っていたタスクも、一気にこなすことができるのです。

それに、**集中力が極限に達しているいわゆる「ゾーンに入っている状態」というのは、ミスも少なく、クオリティも高くなることがほとんどですから、非常に効率的です。**

1日2日でイヤな仕事を片づけられるなら、他の仕事もあって残業にならざるを得なくなったとしても、割り切れるのではないでしょうか。

今は、今重要なタスク、今やりたいタスクにフォーカスする。自分にとって価値や意義が小さいタスクは後回し。そして、期限ギリギリの緊張感で一気にやっつける、という方法です。

ただし、本当に時間が足りなくなり、「もうこれでいいや！」と投げやりになるリスクもあるので、スタートのタイミングには注意が必要です。私も確定申告の準備を後回しにし、直前になってやっぱり間に合わないと悟り、税理士に丸投げしてしまったことがあります（苦笑）。

時間を2倍に増やす方法

今やっている作業の裏側で、**もう一つ同時に作業を並行できないかと常に意識する**ようにしてみます。

たとえば、洗濯機のスタートボタンを押してから部屋の掃除を始める。すると掃除が終わる頃には洗濯も終わっている。瞬間湯沸かし器のスイッチを入れてから着替えを始めれば、着替え終わったらすぐコーヒーが飲める、というようなことです。

同時並行処理は、違う種類の作業を重複させて、使える時間を2倍にすることができます。

ただしこれはあくまでも「作業」レベルのタスクだから可能なことで、アイデアを出す仕事、複雑な仕事をする際は、1点集中が原則です。

まとめる、という方法もあります。

通販でも買い物をまとめれば、送料が無料になる、割引が受けられる、というのはよくある話です。

ほかにも、歯医者に行くときは、家族全員で行く。それでもし年間の医療費が10万円を超えれば、所得控除の対象となり、税金の還付が受けられます。

まとめることで、スケールメリットを得られる場面が増えます。


あるいは前述の通り、もう一つ効用を得られないか、を考えます。

ジョギングをするだけでは、体力トレーニングという一つの効用しか得られません。しかし、ヘッドフォンで英語教材を聞きながら走れば、体力づくりと語学学習という二つの効用を得ることができます。

散歩が趣味であれば、同時にチラシのポスティングのバイトをやってみる。散歩をしながらお金までもらえるので、やはり二つの効用を得ることができます。


「ながらでできること」「まとめて得すること」「複数の効用を得られること」を考え

ることは、合理的な行動計画につながります。

未定なことでも仮予約を入れておく

「次回の打ち合わせはいつにしましょうか?」、予定の確認をするとき、どうしていますか。

ほかに重要な予定が入る可能性がある場合は、「調整してのちほどご連絡します」とやりがちです。

しかしこれでは、「あとで連絡する」というタスクが増えてしまいますし、その時には先方にもすでに予定が入ってしまい、再調整が必要になるかもしれません。

そこで、**「いったんこの日でお願いします。変更があればまたご連絡します」と仮でも良いのでその場で決めておく**ことです。そうすればあとで連絡する手間はなくなりますし、本当に変更が必要なら連絡すればいいだけです。

また、あとで決めようと思うと、忘れたり面倒くさくなったりすることがあります。たとえば歯の定期検診の予約も、次は3～4か月先の予約になりますから、その場で予約しないで持ち帰ってしまうとあとで面倒になります。そこで検診に行った帰り際に次の検診の予約を入れておくことです。

私もあとで予約しようとして、「まだ先のことだからいいや」となって、やがて電話を入れるのが面倒になり、そのまま1年が経過した、という経験があります。

さらに、**先に予定を入れてしまうことは、行動を促してくれるという効果もあります。**

私の著書の出版直前に「せっかくだから出版記念セミナーを開催し、発売前の本書を参加者にプレゼントしよう」と思い付き、すぐに貸し会議室を予約。セミナーの内容を考え、メルマガで告知したことがあります。この準備に要した時間は半日でした。

参加者が少なければ中止にしようと思っていましたが、20名ちょっとの申込みがあり、結局、2週間後に開催しました。内容（プレゼンのスライド）は前日に作りました。

このように、**予定が未定でも迷っていても、とりあえず決めてしまうことにはいろいろな効果があります。**

もちろん相手に迷惑がかかりそうな場合はできませんが、日常の多くの場面ではこの程度の**「テキトーさ」のほうが、行動につながる**ものです。

「検討する」を減らしてその場で返事をする

同じく**「決断」もその場で済ませ、「持ち帰らない」**ことがおすすめです。これはタスクをその場で片づけてＴＯ－ＤＯを減らしていくという効果だけではなく、相手からの印象も良くなる場合が多いからです。

これは『「30代で年収３０００万」の人は、いつも何を話しているのか？』（学研プラス）でも紹介した話なのですが、わかりやすいので再度紹介します。

部長が部下から相談を受けたとします。

部下「部長、取引先から1割値引きを要求されているんですが」

部長「う～ん、どうしたものかなあ」

部下「突っぱねてみますか？」

部長「う～ん、難しいところだな。ちょっと時間をくれないか」

あるいは、

部下「部長、この新規案件の提案、どうしましょうか」

部長「そうだなあ」

部下「予算申請は来週末までですよ」

部長「う～ん、どうすべきか……。あとで返事をするよ」

このような返答だと、かくして部下の間からは、「部長は決断力がない」という評価になってしまいます。それを**即断即決していく**のです。

部長が、

「まず5％で折り合いを付けられないか提案してみろ。ダメなら数量を増やすかアフターサービスをつけるなど交換条件を出して1割引きに持っていけないか粘ってみるんだ。取引の継続は死守しなければならないから、それでもダメならその条件で進めるしかないな」

とか、

「よし、これで進めてみたまえ。途中経過の報告を忘れるな」

と伝えることで部下は、

「部長はテキパキ指示を出してくれて頼もしいな」

「部長は決断が早いな」

と思うでしょう。

即断即決は、経験による判断材料の蓄積以外にも、事前のシミュレーションが重要です。

部下や上司がどんな仕事をしているかを把握している。どんな問題が起きそうかも事前に想定している。そんな様々な課題を先回りして考えておくことで、素早く決断ができます。

あなたが5％の値引きを交渉して、相手方の担当者から「すみません、3％が上限です」と言われた場合、

「う〜ん、困ったな……」

と迷った様子を見せると、「これなら突っぱねることができそうだ」と相手にナメられるかもしれません。

そして、

「他社さんでも値引きゼロなのですが、御社だけ特別に値引き枠をもらっているので、これ以上は無理です」

などと言われたら、これ以上交渉の余地がない状態になってしまいます。

そこで、「すみません、3％が上限なのです」と言われたら、

「ではこれ以上の取引は無理ですね」

と**瞬時にNOを言えば、相手は動揺します。**

反対にこの取引をまとめたい場合は、

「わかりました。本来は難しいのですが、今回はこの条件を飲みましょう」

と即決すれば、

「この人は力量がありそうだ。ヘタな交渉はしないほうがいいな」

と判断されます。

これもやはり事前に「相手がこう出てきた場合はこう対応する」などシミュレーションし、「ここまでは交渉の余地あり」「これ以上は無理」というラインを設定しておくことです。


また、すぐに決断できないときがあっても、

「承知しました。2日後に回答します」

と**断定口調で言えば、結論を先送りしているにも関わらず、あたかも即決したような印象になります。**理由も言わず期限だけを言っておけば、上司に相談するのか何なのか相手にはわかりませんから、少なくとも「こいつは決定権がない」と見くびられることはないでしょう。


もちろん、すべてそううまくいくとは限りません。相手との力関係やこれまでの経緯、シチュエーションなどによって、どう対応すべきかは異なるものです。長年の取

引関係がある相手をバッサリ切るわけにもいかないでしょう。

しかし、一ついえるのは、**リアクションの速さ＝頭の回転の速さと多くの人は感じる**ということです。

たったこれだけのことで「この人、手強いかもしれない」、あるいは「この人、頼もしい」という印象を作ることができます。

ですから、**ＹＥＳにしてもＮＯにしても、あるいは先送りするにしても、とにかく即答することを意識する**のです。

時間感覚を磨く

仕事のスピードといっても、自分だけが速くこなせればよいというものでもありません。

特にチームで仕事をする、取引相手があるという場合は、関わる人たち全体のスピードを上げる必要があります。

しかし、速いか遅いかは相対的なものですし、人や会社によって速度感はまったく異なります。

そこで、「自分はこの仕事をどのくらいの時間でできそうか」だけでなく、「あの人はこの仕事にどのくらいの時間がかかりそうか」ということも予測して、仕事の進め方なり役割分担なり、タイミングなりを考えなければなりません。

つまり、**常に全体を見渡して必要な作業を把握し、それにかかる時間を予測すること。そしてその繰り返しによって、予測精度を高めていくこと。**

そして、その予測精度を高めるには、かかった時間を意識して確認する習慣をつけることです。

「自分はこの仕事にはこれだけの時間がかかった」「あの人はこの仕事にこれだけの時間がかかった」「このケースでは予測よりこのくらい時間をオーバーした」「このケースでは予測よりこのくらい時間を短縮できた」などと確認するクセがつけば、時間感覚が研ぎ澄まされていきます。

そうやって時間感覚を磨いていけば、似た仕事に関わる際には、より精度の高い計画が可能になります。

第4章

思考とアウトプットを短時間で論理的にまとめる

その文章の目的は何なのか？

ビジネスパーソンが最も時間を費やしているのは書類を作るなど「文章を書く」ことではないでしょうか。

そこで本章では、クオリティの高い文章を速く書く方法をご紹介したいと思います。

まずは、**その文章の目的を定義すること**です。

そうすれば、どういう材料や構成が必要かがわかるからです。

読み手に何かをしてほしいのか、知らせておきたいだけなのか。報告なのか、説明なのか、説得なのか、提案なのか。

その**目的によって文章構成や必要な情報が変わります。**

説明であれば、5W2H（What：何を、Why：なぜ、Where：どこ、Who：誰、

When：いつ、How：どうやって、How much：いくら）を、ほぼ均等になる分量で明確にします。

しかし**説得であれば、この中でもWhyにあたる理由を分厚くしなければならない**とわかります。

たとえば、本書のようなビジネス書の目的は、読者が抱えているであろう問題を解決し、読者を行動に駆り立てることです。同時に、これは商売ですから売れなければなりません。

そのために、著者も出版社（編集者）も工夫を凝らします。

再現性を生むようなノウハウにするため、特殊な方法や事例は省き、誰でもわかるような平易な説明を心がけます。

読者を動かすために、その本から得られるであろうメリットを、少し強めに演出します。さらに、モチベーションが上がるような事例を増やします。

そうやって、商品としての魅力と読者メリットの両方を追求するわけです。

このように、目的を明確にすることによって、どういう文章・構成を選ぶべきか、どういう材料を仕入れるべきかがわかるということです。

発想の受け皿を作っておく

アイデアやネタは突然降ってきますし、すぐ忘れてしまうので、それを**キャッチする環境を常に整えておく**必要があります。

そこで基本的なことですが、「**メモする**」ことを習慣にしたいものです。

たとえば昨日、頭の中で何を考えていたかを、思い出せるでしょうか？

私たちは頭の中に思い浮かんだことのほとんどをすぐに忘れてしまいます。

そもそもパッと頭に浮かんだひらめきや発想は、「**何かのアイデアになりそうなものの断片**」「**なんとなく気になった出来事の残像**」といったもので、それが何を意味するのか本人でさえもわからない、いわば「**無意識状態の思考**」も多いのです。

何かの発想の切れ端を思いついて、「これは面白いかもしれない」と感じても、別の考えがその発想を頭から追いやり、また新たな発想が湧いては消える。この繰り返しで、思いついた端から忘れ去ってしまうものです。

インスピレーションやヒラメキというのは、それくらい不安定な状態にあります。

しかし、「直感が大事」といわれるように、そんな**もやもやの発想群の中に、大きなヒントが隠れている**ことも多いのです。

そこで、ノートでもスマホでも道具は何でもいいので、とにかく「メモする」ことです。ひらめいたことを忘れてしまう前に書きとめておく。

メモするというのは、「脳外ハードディスク」を作ること、いわば、あなたの「もう一つの脳」を作っておくことです。

伝えたい相手は誰なのか？

いくら速く書いたとしても、わかりにくくて伝わらなければ意味がありません。**伝わる文章、わかりやすい文章とは、あくまで読み手がそう感じるかどうか**です。自分がわかりやすいと思って書いても、受け手がそう思わなければ、それはわかりにくい文章だということです。


しかし、**読み手の読解力はバラバラです。**

そこで**文章を書く前に意識したいのは、「読み手は誰なのか？」「どの程度の知識・背景を共有できているのか」という点**です。

相手が上司か部下か、取引先なのか、業界が同じ人か違う人か、友人なのかによって、使う言葉・表現が異なるからです。

一般的には、「専門用語はなるべく控えるべき」といわれます。これは、何が何でも使うなということではなく、相手によって使い分けようということです。

たとえば「アサイン」という表現は、一般の人には何のことかわかりませんが、読み手がコンサルタントやIT業界の人なら問題なく通じるでしょう。

ただし、仮に同じ業界でも、**読み手との距離によって、専門用語の意味が変わることがあります。**

これはちょっと極端ですが、たとえば、「GNP」とは何でしょうか。

経済用語の「グロス・ナショナル・プロフィット」と理解するのが自然ですが、私は生保営業の「義理・人情・プレゼント」を先に思い浮かべてしまいます（苦笑）。

もちろん、文脈で判断できるものではありますが、読み手に必要以上に考えさせる文章はストレスとなり、読みにくいと受け取られます。

同様に、「たとえば」から始まる事例も、読み手の知識レベルによって紹介すべきものが異なります。

例を使うときは、なるべく読み手が知っているであろうものを考えます。

たとえば規制緩和の問題を挙げるときに、「ＦＸのレバレッジ規制」を例に挙げたとしても、ＦＸをしたことのない人にはわかりにくいものです。

それよりも、「高速料金１０００円」とか「派遣社員の規制」などのように、マスコミをにぎわせて誰でも知っていそうな事例を挙げるほうが、より多くの人に理解してもらえます。

まずは**読み手をイメージし、読み手の知識レベルを想像して書く**ことです。

文章構造も同様です。

同じ上司でも、**せっかちな人なら「結論ファースト」**のほうがいいでしょうし、**保守的な人なら「状況ファースト」**のほうがいいかもしれません。**熱血体育会系ならロジックよりも「感情に訴えかける組み立て」**の方が効くかもしれません。

相手の性格を知っていれば、それに合わせて文章を変えることで、より理解してもらえやすいでしょう。

結局、読みやすい文章、わかりやすい文章を書けるかどうかは、届けたい相手をイメージし、**相手に対して愛情を持って書けるかどうか**にかかっています。

読み手への思いやりがあればあるほど、わかりやすい文章が書けると肝に銘じておきたいものです（もちろん、私も含めてです）。

そこで、わかりやすい文章を書くコツを次の項目からいくつかご紹介します。

問題解決シートで提案材料を作る

「思考を立体化させて全体像を描き、構成要素間の関係を整理する」ことを構造化といいます。構造化をすると、視覚的にも理解しやすくなります。

業務改善など社内の問題解決の提案書を作るとき、どこからどう書けばよいかわからない、という経験はないでしょうか。その場合には構造化を使うのです。

その場合、図1のような「問題解決シート」を使うと、書く論点を洗い出せます。

① キーメッセージ

「○○という問題を、△△になるよう解決する」と書きます。「○○」は実際に起きている問題であり、現象です。「△△」は、目指すべき理想的な姿・状態を入れます。

② 原因仮説

問題の原因だと思われるものを書きます。よほど単純な問題でない限り、複数の状況がからみあっているケースが多いので、考えられる原因はすべて書き出します。

③ 根本原因仮説

複数の原因の大元になっている真の原因を探ります。これがあるケースとないケースがありますが、一つひとつ深掘りしてみます。

④ 解決策仮説

解決策を複数書き出します。同時に、具体的に何をすべきかの打ち手も考えます。解決策仮説と具体的打ち手は同じものが入る場合もあります。

⑤ ループさせる

その解決策、打ち手で、最初に書いた問題点は本当に解決され、△△という状態にすることができるのか？　とぐるぐるとループさせて見直します。

図１　問題解決シート

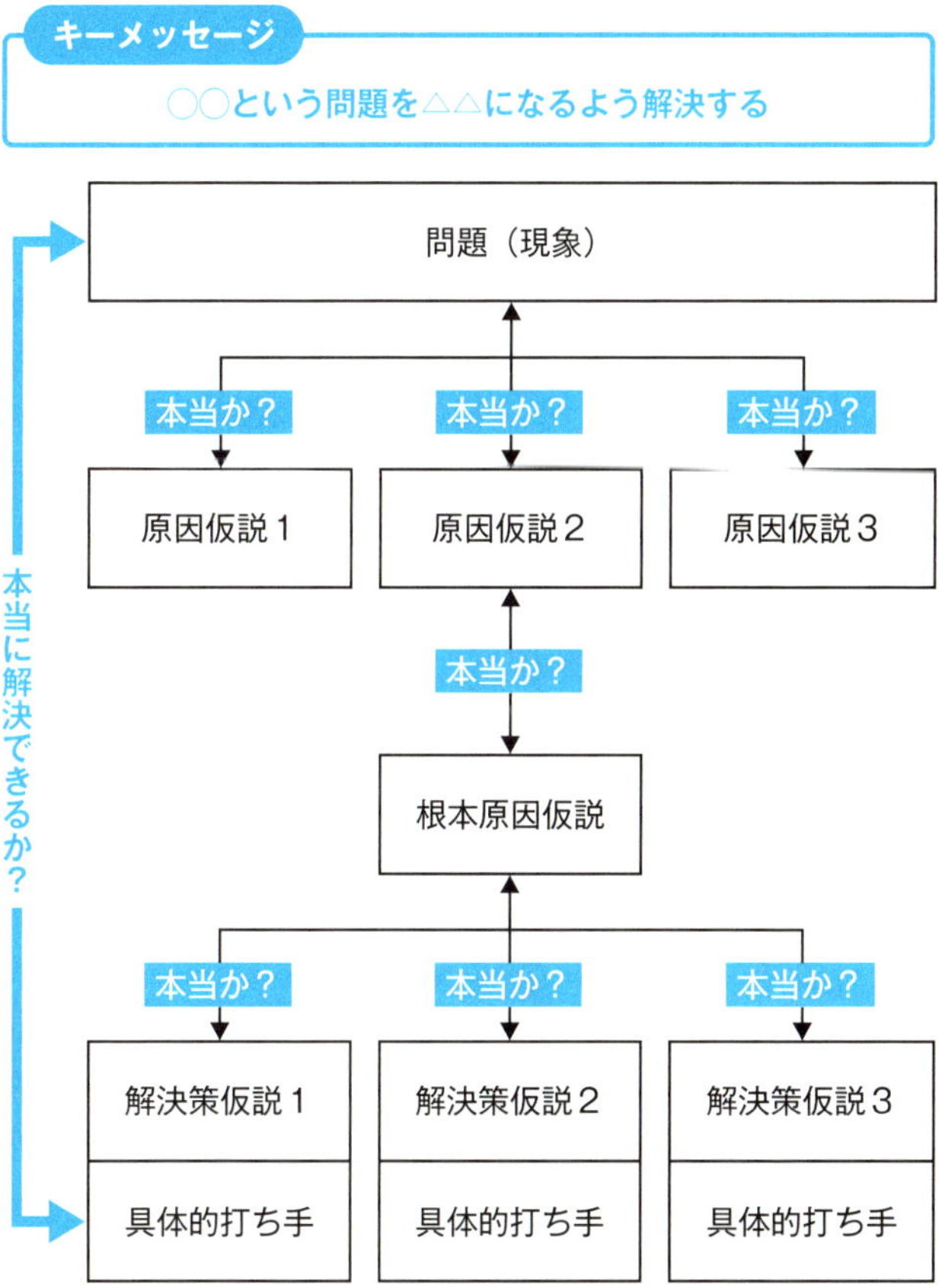
キーメッセージ
○○という問題を△△になるよう解決する
問題（現象）
本当か？
本当か？
本当か？
原因仮説１
原因仮説２
原因仮説３
本当か？
根本原因仮説
本当か？
本当か？
本当か？
解決策仮説１
解決策仮説２
解決策仮説３
具体的打ち手
具体的打ち手
具体的打ち手
本当に解決できるか？

図の中の「本当か？」は、それぞれの因果関係を見直す注意喚起のフレーズです。因果関係がズレていて、「それは原因じゃないだろう」「それじゃ解決にはならないだろう」となるのを防ぐためです。

また、前提条件として、「その問題は、そもそも解決すべき課題なのか？」という**問題設定の適切性も確認**しておきましょう。

たとえば「悪天候が客足の落ちる原因だ」とわかっても、天候は変えることができないので、問題ではあっても課題ではありません。

更に、「それは別に困らないいんじゃないの？」という、**解決する必要のない問題**もあります。

加えて、よりリアルにそれぞれの打ち手を実行するときにかかる**デメリット（コスト や労力）が見合うかどうかの検証**も必要です。

「いくらなんでも現場が疲弊するよ」「すごくお金がかかる」というものは、そのデメリットを上回るメリットが必要だからです。

ピラミッド・ストラクチャー

ピラミッド・ストラクチャーは、論理的な文章構成を考える上でよく使われる考え方です（図2）。ピラミッドを作るように、ロジックを下から上へと積み上げていくイメージです。

しかし**実際には、ピラミッドの頂上から作るほうがやりやすい**でしょう。

まずメインメッセージ、一番言いたいことを書きます。

その下は、メインメッセージを支えるサブメッセージを書きます。サブメッセージとは、メインメッセージを支える理由やメインの次に言いたいこと、メインメッセージをさらに具体化したもの、副次的効果などです。

その下には、それぞれのサブメッセージの根拠となる理由を書きます。

図2　ピラミッド・ストラクチャー

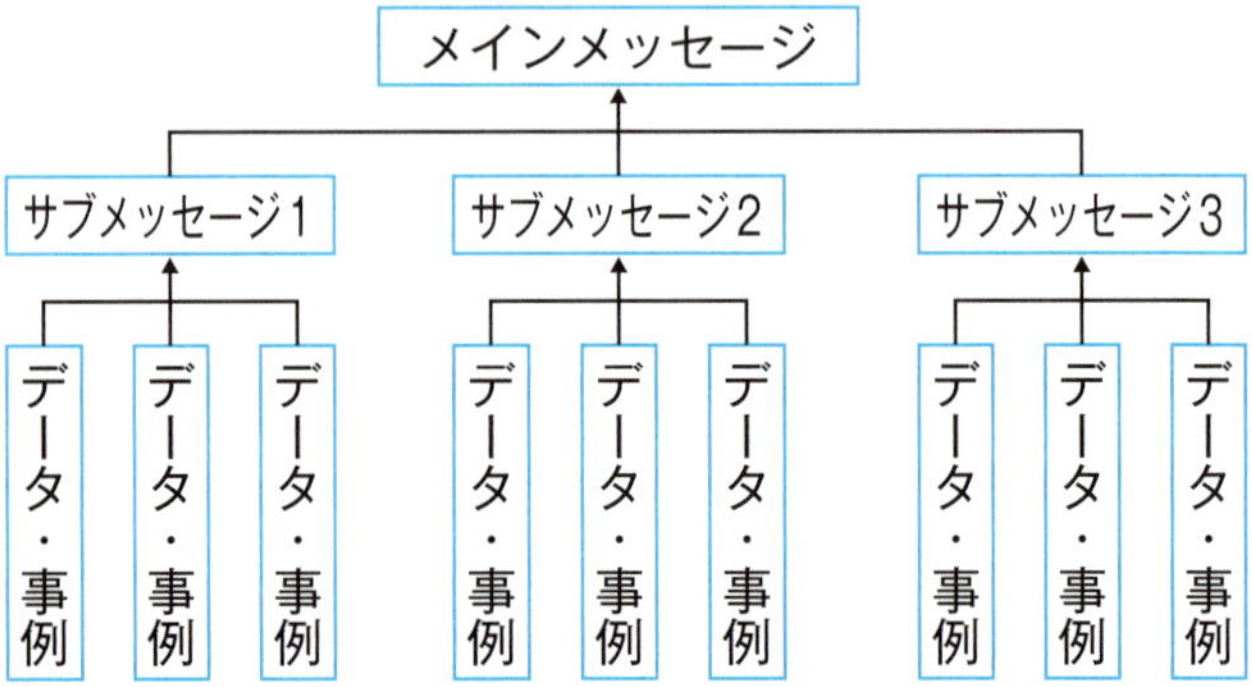

なぜそのサブメッセージが成り立つのか？　ということです。たとえばデータや事例、自分の体験などです。これがあると主張に迫力や説得力が出ます。

メインメッセージは、感覚的な主張でも構いません。その下の「理由」で論理的な裏づけをし、さらにその下のデータや事例などで論理を支えます。

図3は例として、「教育現場へのボイストレーニング導入の必要性」についての文章を書く際に作ったものです。

図3 教育現場へのボイストレーニング導入の必要性

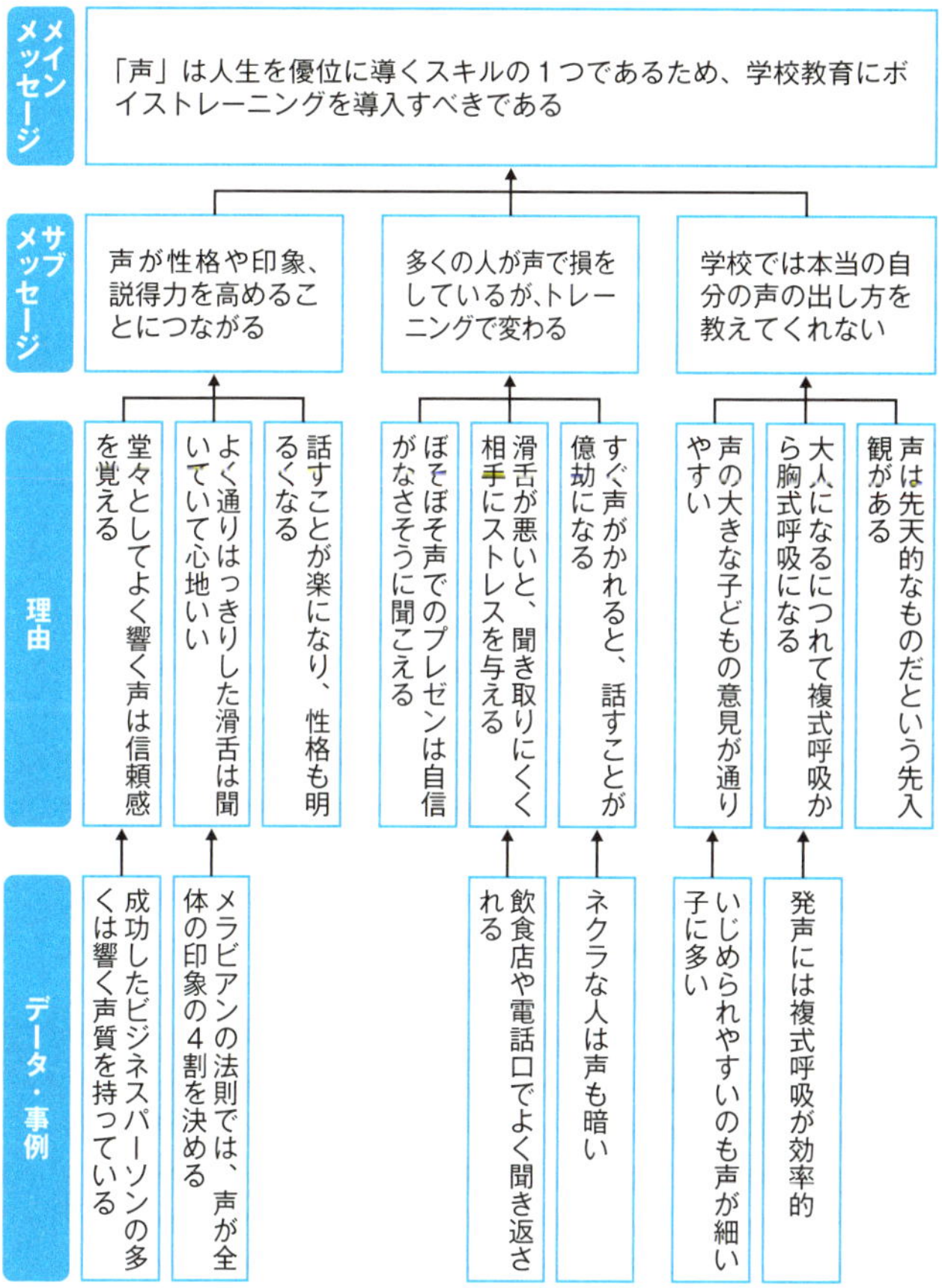

パターンを作る

たとえば、「祝辞や弔問のあいさつ文を書け」、と突然言われても、困ってしまうのではないでしょうか。

私もすぐには書けません。どう書けばいいかわからないので、やはりネットで例文を検索するか本で調べてから書くことになります。

しかし、結婚式場や葬儀場に勤めている人であれば、サラサラと書けるでしょう。それは、「こういう場合にはこの形式で書く」とパターンを知っているからです。

それらの**ストックが多ければ多いほど、「この場面ではこう考えればいい」「この場合の文章はこういう組み立てにしよう」という判断がすぐにできるようになります。**

相手や内容に合わせてパターンを使い分け、これに沿って考える・書く・話すことは、スピーディーな業務につながります。

実際にパターンを使いこなすうちに次第に精査され、レベルアップした使い方ができるようになるのです。

事実と意見を見抜く

ビジネス上の会話や文書では、「事実」と「意見」を区別することが重要です。というのも、事実は人によって変わることはありませんが、意見は変わるため、読み手や聞き手に誤解を与えるリスクがあるからです。

逆もしかりで、上がってきた報告やレポートの事実と意見が混同されていると、自らの判断も流されてしまいがちです。

例題①

次の文章は事実でしょうか、それとも意見でしょうか。

「あの会社は儲かっている」

例題②

次の文章は事実でしょうか、それとも意見でしょうか。

「上場企業で今年度黒字だったのは40%だ」

例題①は意見です。「儲かっているかどうか」は人によって感じ方が異なります。ある人には儲かっていると思えても、別の人から見るとそれほどでもない、ということがあるからです。

例題②は事実です。黒字かどうかは誰が見ても同じですし、40%という数字も、計算方法が同じであれば結果は同じだからです。

例題③

Ⅰアメリカの視聴覚教育の専門家、エドガー・テールによれば、学んでから2週間後も覚えている割合は、「実際に体験したこと」が90％で、「読んだこと」ではわずか10％に過ぎないとしています。
(図：「経験の円錐」参照)

Ⅱということは、読書は手軽な学習方法ですが、もっとも非効率的な方法であるといえます。

10%	読む
20%	聞く
30%	写真・絵を観る
50%	テレビ・映画を観る
	展示を観る
	実演・現場を見学する
70%	実習・討議に参加する
90%	シミュレーション・ロールプレイ
	実際の体験

エドガー・テール「経験の円錐」

例題③のⅠは「誰かが言ったこと」ですから、捏造しなければ事実です。
例題③のⅡはなんとなく事実のように見えますが、こちらは意見です。
なぜなら、「覚えている割合」ですから、これは記憶効率のみを計測したものに過ぎません。学習とは論理的思考力や発想力も含まれますから、記憶だけで学習効率は測れないでしょう。つまり、一概に「読書が非効率的だ」とまでは言い切れないと考えられます。

というように、事実と意見の区別を意識することで、より論理的・客観的な文章を書くことにつながります。

同時に、文章を読む際にも、書き手の主観に誘導されず、より的確な分析や示唆を得ることができます。

文章を構造化する

次は、文章単位、パラグラフ単位で構造化する練習をしてみましょう。構造化については先にも述べましたが、さらに説明すると、文章を意味ごとにまとまりのある単位に分け、それぞれがどのような関係になっているかを可視化することです。

たとえば

クッキーは小麦粉とバターと砂糖でできている

これを構造化すると、

クッキー＝小麦粉＋バター＋砂糖

と表現することができます。

台風の影響で電車が止まった

これを構造化すると

台風↓電車が止まった

原因と結果の関係を矢印で表現することができます。

構造化の方法に特別なルールはありませんが、第三者が見ても、流れや関係がわかることが重要です。

図4のⅠは、カレーの作り方を構造化したものです。冒頭の一文が「カレーの作り方」として文章全体を表現していて、その後ろには具体的な作り方がステップで示されています。

図4のⅡは、パソコンメーカーA社についての説明文を構造化したものです。商品ラインナップは上下関係でもなく順序でもなく、並列関係です。なので、並列ということがわかるように、同じレベルで図解します。

そして、これらの共通点は低価格なので、全部が低価格だとわかるように図解します。

このように、構造化するトレーニングをすると、文章を構成する全体と要素の関係がわかり、より論理的に表現できるようになります。

図4　文章の構造化

Ⅰ

カレーの作り方は次の通りです。まず材料を切って炒めます。次に水を入れて煮込みます。最後にカレールーを入れてできあがりです。

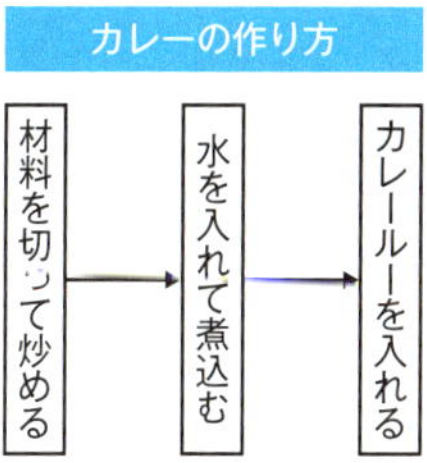

Ⅱ

A社はパソコンメーカーです。商品ラインナップはデスクトップパソコン、ノートパソコン、サーバ、プリンターです。どれも低価格なのが特徴です。

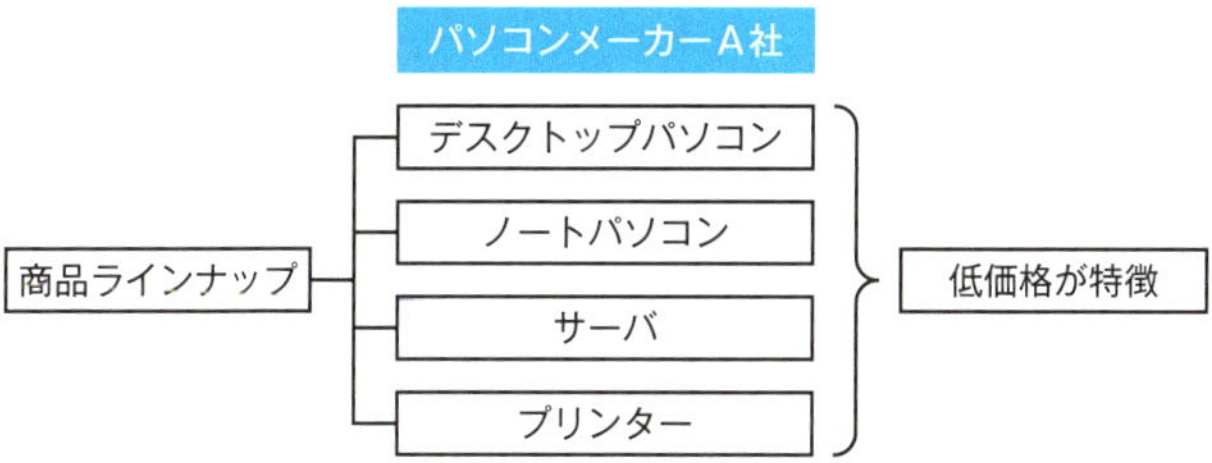

抽象化能力が思考スピードを上げる

抽象化能力とは、応用力や再現力の源泉となります。

この抽象化能力が低いと、営業では成果を出せるけど本社に移ったら成果が出せない、商品や顧客が変わったら契約がとれない、ということが起こりがちです。

抽象化能力が高い人は、一つの成功体験から要素を抽出し、それを他に応用できますから、ほかの分野でも成功を再現させることができます。

プロスポーツ選手や棋士、アーティストといった、表面的にはビジネスとは関係なさそうな人でもビジネスに役立つ発言をしたり書籍を書いたりできるのは、この抽象化能力が高いことにあります。

たとえば、

りんご、バナナ、ぶどう
これを抽象化させると、
果物
といえます。さらに抽象化させると
食べ物
さらに抽象化させると
植物

となります。

具体化する

ただし、抽象的表現だけでは、何を言っているのかよくわからないことがよくあります。

たとえば「果物が食べたい」といっても、リンゴなのかバナナなのかわかりません。

会社でも**正論ばかりで実がない議論をする人も、この具体化力が不足している**といえます。

たとえば「評価制度を見直すべきだ」という意見があるとします。

しかし評価制度とは、「制度の設計」×「運用」という両輪が機能する必要がありますから、そこまで思考をめぐらせて具体的な提案をしなければ、説得力がありません。

よく耳にする「不謹慎だ」という言葉。これも、もっともらしく聞こえますが、不謹慎かどうかは、その人の価値観や置かれた状況によって異なります。

こういう抽象的な言葉が発せられることを容認すると、経済活動や言論が抑制されるリスクすらあります。

しかし、**具体化する力がつけば、正論や抽象概念で終わらない、あるいは踊らされない意思決定やアウトプットができます。**

がんばっているという人は本当にがんばっているのか？

例題
この文章にツッコミを入れてみましょう。
「私たちもがんばっています」

回答例
何をどの程度がんばっているのか？
何と比べてがんばってるのか？
がんばっているの定義は何か？
それはがんばっているといえるのか？

ちょっと性格が悪い人のように感じるかもしれませんが、あくまでこれは練習です。
私たちは**つい抽象的な表現でなんとなく納得してしまいがち**です。
それは**思考停止につながりますから、いったん立ち止まって具体的に考える習慣をつける**ことです。

そのような習慣は、世の中のニュースや情報に触れたときでも、「それは具体的にどういうこと？」という反応によって、怪しい情報を見抜くこともできるでしょう。
すると、政治家の発言でもよく出てくる「抜本的改革が必要である」という言葉が、実は何も言っていないことに気がつきます。

具体化力は、騙されない力にもなる

具体化能力を鍛えると、**相手の主張の矛盾に気がつく**こともできます。

たとえば、あるＩＴ会社やコンサルタントから、

「スマートフォンやタッチパネル端末を導入すれば、業務の効率化が図れる」

という提案を受けたとします。

そこであなたは、「実際に効率化された事例」を求めるでしょう。すると相手は、

「いつでもどこでもメールをチェックできる」

「文書をオンラインストレージに保管しておけば、外出先からでも資料を参照できる」

「その場でお客様にビジュアルで提案できる」

などの他社や他のビジネスパーソンの事例を紹介してくるかもしれません。


そしてあなたはハタと気がつきます。

それは確かに「便利」だとは思うが、「効率化」といえるのか？

顧客満足やリピートにつながるのか？

端末導入にかかるコスト以上に、収益は向上するのか？

ここで**「便利さ」と「効率化」とは似て非なるものである**ことに気がつきます。

そしてあなたは、効率化という幻想ではなく、その便利さを手に入れるために支払うコストが妥当かどうか、そのコスト以上に収益が上がるかどうかで判断することができます。

この判断ができなければ、各種デジタルツールやクラウドサービスにお金を払った結果、便利にはなるけれど儲けの方はさっぱり、ということになってしまうのです。

具体的に考える力は、世の中にあふれる様々な情報に対し、より合理的な判断につながります。

比べる

私たちの生活の中では、物事のほとんどが相対的に存在しています。つまり、何かと比較することによって、行動するかしないかの判断がなされます。

たとえば**「値段が安い」「高い」、「早い」「遅い」、「おいしい」「まずい」、「すごい」「たいしたことはない」というのは、すべて何かと比較している言葉です。仕事でも、何かと比較をして初めて意思決定が可能**です。

たとえば、「今月の売上は良かった」「客が増えた」というのは、何を基準に良かったのかを示さなければ、何ともいえないでしょう。

先月と比べてなのか、去年と比べてなのか、自社の他の店舗と比べてなのか、競合他社と比べてなのか、予算や予想と比べてなのか、いったい何と比べているのか。

今月の売上が100万円だとします。先月が30万円ならば「今月の売上は良かった」となりますが、先月が200万円だったら逆の評価となります。

あるいは他の店舗の売上が500万なら、良かったとはいえないでしょう。

また、受け手によっても基準が異なります。10億円を多いと感じる人もいれば、100万円で多いと感じる人もいます。

〝考えるとは、比較すること〟といっても過言ではないくらい、私たちは相対的な世界で生きているのです。

数値で示す

具体的に比較できる方法の一つが、数値で示すことです。

特にビジネスであれば、数値で表現することは非常に重要です。

たとえば、次のような文章を見たとき、あなたはどう感じるでしょうか。

例題

「若者の犯罪は、近年、増加傾向にある」

回答例

「若者とは、何歳くらいのことをいうのか？」
「近年とは、どのくらいの期間か？」
「増加とは、どの程度か？」

若者といっても、10代か20代なのか……70代の人にいわせれば40代でも若者になるかもしれません。

昨年と比較するのか、10年間で比較するのかによっても結果は異なるでしょう。

増加というのも、％か件数かによって異なります。2件が3件に増えても50％増になります。

言葉の定義や範囲を特定しなければ、誤った解釈や勘違いの主張をすることになりかねません。

環境問題も、なんとなく抽象論で人々は動いています。「温暖化防止」「CO2排出量削減」は誰も反論しにくい言葉ですが、これも数値で置き換えます。

そもそも大気に占める二酸化炭素の割合は、0・03％です。そして、世界のCO

２排出量に占める日本の割合は、約５％程度です。世界第三位の経済力がありながら、です。

すると、そもそもＣＯ２対策は本当に効果があるのか……。テストで90点取っている優等生の日本が95点を目指そうとするような努力は必要なのか……。などと、いろんな議論につながります。

抽象的な表現や道徳的な表現こそ、なんとなく納得するのではなく、なるべく数値に置き換えて比較するようにします。

ものごとの関係を整理する

論理的な会話や文章は、ものごとの関係性がクリアに表現されています。そこで活躍するのは「**接続詞**」です。

つまり、**接続詞を適切に使えるようになることが、論理的思考力を向上させる一つの秘訣です。**

本書は国語の本ではないため、一つひとつ詳細には触れませんが、その中でも論理的な文章に必要なものに絞って解説していきます。

たとえば、「AならばB、BならばC、ゆえにAならばC（A＝B、B＝C、A＝C）」とは、論理の話でよく出てきます。これは、A・B・Cの関係性が整理されているといえます。

このように、ものごとの関係性をうまく整理し表現できれば、どんなものでも、相手が誰でも、わかりやすく論理的に伝えることができます。

原因と結果という因果関係なのか、選択肢などの並列なのか、その関係性を適切に表現できるということは、論理的思考力がついているということ。

それが速く書けるようになると、頭の中で瞬時に関係整理ができるのです。

例題

「天候が悪かった。だから売上が悪かった」

この文章を読んで、何か違和感を覚えるのではないでしょうか。ここにはロジックの飛躍があるからです。

悪天候のせいで客足が減った。

という、もう一歩踏み込んだ理由が、ここには抜けているわけですね。

つまり先ほどの文章は本当の理由が抜けていて、因果関係がすっきり説明できていないということです。そこで、

天候が悪く、客足が鈍った。だから売上が悪かった。

と表現するのが読み手にとって優しいといえます。

ただしこれも、読み手の知識レベルによって変わります。

相手と共通の背景を持っていれば、必ずしも論理的でないとはいえず、十分に伝わる場合もあります。

書き手も読み手も「小売業」や「飲食業」で働いている人であれば、「天候が悪いと客数が減る」というのはお互い共通認識なので、書かなくてもわかるでしょう。

つまり、論理をどの程度飛躍させても問題ないかは、読み手とのコンテクスト（文脈）の共有度合いによって変わるということです。


次の例を読んでみましょう。

①お酒が好き、だからワインも好き
②お酒が好き、だからまんじゅうも好き

①は誰が読んでも納得できそうですが、②は多くの人が首をかしげるのではないでしょうか。

ワインはお酒の一種ですから、「お酒好き＝ワイン好き」という相関関係に違和感はありません。

しかし、まんじゅうとお酒の共通点は、読み手にはパッと浮かんでこないでしょう。「お酒好き＝甘いもの好き」という前提条件があればまだわかりますが、一般的には「お酒好き＝甘いもの苦手」と思われていますから、読み手は混乱します。

ということは、②の場合は、「だから」という因果関係を表現する接続詞ではなく、「しかし」という逆接の接続詞を使うほうが、読み手の理解を得やすいといえます。

こうしたものごとの関係性が正しいかをチェックする方法を次に紹介します。

「だから」と「なぜなら」の瞬間往復トレーニング

接続詞が正しいかどうか、つまり論理的な文章かどうかは、文章をひっくり返しても同じ意味に読めるかどうかでチェックできます。

文章をひっくり返すときには、「**なぜなら**」を使います。

正

お酒が好き、だからワインも好き

これを「なぜなら」を使ってひっくり返すと、

↓ワインが好き、なぜならお酒が好きだから

誤

お酒が好き、だからまんじゅうも好き

これを「なぜなら」を使ってひっくり返すと、

↓まんじゅうが好き、なぜならお酒が好きだから

「お酒が好き、だからワインも好き」は、ひっくり返しても同じ意味に読めました。しかし、「お酒が好き、だからまんじゅうも好き」をひっくり返すと、「まんじゅうが好き、なぜならお酒が好きだから」になり、文意が伝わりませんでした。

つまり「お酒が好き、だからワインも好き」は論理的な文章、「お酒が好き、だからまんじゅうも好き」は論理的でない文章ということです。

このように、**文章を入れ替え「だから」と「なぜなら」を短時間で往復させるトレーニングをすることで、因果関係を素早くつかめるようになります。**

「つまり」と「たとえば」の瞬間往復トレーニング

ものごとの関係性を整理するトレーニング方法をもう一つご紹介します。

それが**「つまり」と「たとえば」を往復させること**です。

ハイブリッド車が売れている。たとえば、トヨタのプリウスがヒットした。

トヨタのプリウスがヒットした。つまり、ハイブリッド車が売れている。

ハイブリッド車を具体化するとトヨタのプリウスになり、トヨタのプリウスを抽象化するとハイブリッド車になります。

「たとえば」が具体化、「つまり」は抽象化を表しますから、具体と抽象の往復トレーニングともいえます。

この関係は次のように表現できます。

ハイブリッド車
←たとえば→つまり
トヨタのプリウス

次は、さらに階層を増やしてみましょう。
ハイブリッド車をさらに抽象化すると「自動車」、さらに抽象化すると、「乗り物」と表現することができます。そこで、

乗り物
←たとえば→つまり
自動車
←たとえば→つまり
ハイブリッド車

←たとえば→つまり
トヨタのプリウス

ヘリコプターのように**瞬時に上昇して抽象化させ、今度は急降下して具体化させる訓練をすることで、思考回路がよりスピードアップします。**

「ということは」連想トレーニング

ただ単にニュースを見聞きしたり本を読んだりしても、それが自分の生活や仕事にすぐに役立つわけではありません。

そこである現象や言葉から、示唆を出すトレーニングが「ということは?」を口癖にした連想トレーニングです。

これは、ある状況をもとに、「ということは?」という質問を繰り返すことで、その状況からわかることを連想する方法です。

たとえば、

ゴキブリが出た

ということは？

奥に100匹以上隠れているかもしれない

ということは？

早めに駆除しなければ、またゴキブリが出る

ということは？

ゴキブリ駆除用のエサを置くか、バルサンを焚くなどすべき

こんな具合です。「ということは？」という質問をすることによって、それが持つ意味、それが示す意味を脳が自動的に考えようとします。

経営コンサルタントの口ぐせに「So What？（だから何？）」というものがありますが、それに似ていますね。

たとえば「中国経済は崩壊か」も、それだけではただの文字に過ぎません。そこに、「ということは?」という質問をぶつけることによって、中国問題による影響やら対策やらを考えようとし、それが思考力を高めてくれるのです。

第5章

〝他人の人生の駒〟から抜け出すためにやめる習慣

メールの返信に時間をかけるのをやめる

意外に時間と集中力を奪われるのがメールです。しかもやっかいなのは、**メールの処理をすると仕事をした気分になってしまう**こと。

私もそうで、「今日はよく仕事したなあ〜」と思って振り返ると、確認や連絡などがほとんどで、**1円にもならないことに時間を費やしている**こともあります。

そこで、頻繁にやりとりする相手とは、冒頭に「○○様」とか「お世話になっております。」などを付ける頻度を減らし、**用件だけを簡潔に書く**ようにしています。

もちろん時と場合によりけりです。

取引先、特に相手がお得意様であれば難しいですし、相手が目上の場合は失礼にもあたるでしょう。

しかし社内向けならば、**件名に「【確認】○○に関する連絡はしてくれていますか？（本文無し）」**でもまったく問題ないでしょう。

また、連絡事項が複数ある場合などは文章にすると時間がかかりますから、**箇条書きを中心にします。するとメールの処理スピードが上がるだけでなく、相手にとってもわかりやすくなります。**

返事をもらうべき項目がたくさんあるとか、相手が忘れっぽい人なら、**番号を振る箇条書きです。**これならその後のやりとりも、「3は、処理済みです」「5はもうしばしお待ちください」など、いちいち「○○の件」などと書く必要がなくなります。

メールの即レスにこだわるのをやめる

「仕事が速い人はメールの返事も速い」という話を聞いたことがあると思います。確かにそうかもしれませんが、私は即レスにはこだわっていません。

私は**朝にメールチェックはしますが、返事はほとんど午後**です。なぜなら、**午前中はもっと重要な仕事をしたいので、メールの返事で時間と集中力を浪費したくない**からです。

もちろん、すぐ返事する必要があれば即レスしますが、そうでないメール、特に文面をよく練らなければならないメールはあと回しにします。

返事の仕方が難しい内容の場合、すぐに返事をしなくても、自分の考えが頭の中で整理され、次の日にはきちんと文章化できる場合もよくあります。

たとえば**相手に対して苦言を呈するような内容のメールや、強い主張をする必要がある場合、利害関係が対立する内容になる場合は、即レスを意識しすぎるとかえって問題になることもあります。**

スピードを意識しすぎるあまり事実確認などをおろそかにし、あるいは表現や言葉選びを間違えて逆に不信感を抱かせたり、相手を怒らせたりしかねません。

そうならないよう、不満が募って書いたメールや、相手の感情を慮る必要があると判断したメールは、次の日やその次の日に持ち越すこともまれではありません。

ただし、**返事が数日後になりそうな場合は、「3日後までに連絡します」などと取り急ぎ即レスする**ようにしています。

要は即レスするかどうかは相手や内容に応じて柔軟に使い分ければよく、こだわる必要はないということです。

終わったメールを受信フォルダに残さない

私の場合、新しいメールは受信フォルダに来ますが、**処理したあとは仕事の案件別・用途別のフォルダを作って、そちらに振り分けています。**

長期につきあっていくことがわかっている人や会社であれば、人名か会社名でのフォルダを作ります。

こうすることで、受信フォルダに残っているのは未処理案件やあとで確認が必要なメールだけということになり、返事忘れや確認忘れが起こらないようにしているのです。

つまり**受信フォルダに並んだメールがそのままTO-DOリストになっている**という状態です。

そのフォルダも、すべてのプロセスが終了したら「終了済み」というフォルダの中にまとめて放り込み、進捗中案件のフォルダだけをずらっと並べています。


たとえば、仕事では「太陽光発電」というプロジェクトのフォルダを作り、返事を返したり処理したら、受信フォルダからそのフォルダに移動。そのプロジェクトが終了すれば太陽光発電フォルダは終了済みフォルダに移動。

プライベートでも同じように、現在自宅を建設中なので工務店とのやりとりは「家」というフォルダに振り分け、家が完成すれば必要がなくなるので、やはり終了済みフォルダに移すことになります。

テレビを消し、新聞をやめる

時間を生み出すには、してもしなくても大勢に影響のないタスクをやめることです。

重要だと思い込んでいるだけで、実は不要なこともあると振り返ってみるのです。

たとえば、ニュース番組は重要な情報源だからと思って観ていても、実は大して役に立っていないことがほとんどです。

というのも、主体的に集めて考えている情報ではないからです。

あるニュースが報道されたとき、「んっ、どういうことだ？」と疑問に思ったとしても、次の瞬間には別のニュースが放映される。

すると、そのニュースを深掘りして考えるとか、関連情報を調べたりという時間が与えられないまま、次々と新しいニュースに思考が塗り替えられます。

この繰り返しが自分の人生に前向きに作用するかというと、もちろんゼロとはいえませんが、確率は相当低いでしょう。

新聞も同じで、ある記事を深掘りして調べるというより、全体を俯瞰する作業で終わりがちです。

たまに気になった記事をじっくり読むものの、そこには事実情報しか書かれていないので、そのままでは自分の利益につながる知恵にはなりにくい。

そして次の日にはまた新しい新聞が届き、前日のトップニュースは何だったかも覚えていないということが起こります。

こんなふうに自分の行動を振り返ってみると、**習慣的に「必要だろう」「重要だろう」と思い込んでいることでも、かけた時間やコストほどにはリターンがない**こともあり得るのです。

というわけで、私はもう10年近く新聞をとっていませんし、テレビもほとんど観ません。

あいさつの儀式をやめる

賛否両論あるとは思いますが、私は**時候のあいさつに時間と労力をかけるのは無駄**だと考えています。

たとえば年末に取引先を回り、今年の感謝を伝えて社名入りカレンダーを配る。年賀状を印刷して出す。年始には新年のあいさつとともに、社名入りタオルを配る。そのほか、お歳暮やお中元を贈る、というのもよくある光景です。

もちろん**特にお世話になった人や、疎遠になっている親戚に対する礼儀を否定するわけではありません。**しかし**仕事に限って言うと、かけた時間ほどにはリターンは高くない**と感じます。

何も送らない、あいさつ回りもしないからといってその人とつきあう・つきあわない、あるいは取引する・しないということはないのではないでしょうか。

年賀状も同じく、もはや不要といってもいい時代です。学生時代の同級生や前職の同僚などもSNSでつながっていればお互いの近況も知っているし、SNS上でも「あけましておめでとう」などとやりとりするから、改めて年賀状を送る方が不自然にさえ感じます。

仕事ではさらに「あ、年賀状が来てる」程度でスルーする人のほうが多いのではないでしょうか。

もちろん、あいさつの儀式は礼儀だと考えている人（特に年配の人に多い）にはそうすればいいですし、それがたとえば営業上有利になるなどと考えられるのであれば、合理的な行動になります。

時代の変化や状況に応じて常識も変化します。「毎年やっているから」「定例だから」「伝統だから」というだけで続けるのではなく、**今までの慣習を見直すこともまた、時間を作り出す一つの発想法**です。

やらなくても困らないことはやめてみる

「あれもやらなきゃ、これもやらなきゃ、ああ忙しい」という人に三つの質問です。

① それ、本当にやらなきゃいけないの？
② やらないと何がどれくらい困るの？
③ それは取り返せないほどの甚大な被害をあなたにもたらすものなの？

この**三つの質問にYESと答えられないものは、思い切ってやめるか後回しにしてはいかがでしょうか。**

たとえば部屋の掃除や洗濯。①にはYESですが、②はどうでしょう。掃除をしないと見た目が良くないとか、つまずくとか、配偶者が怒るとか、探すのが大変などが考えられます。では③はどうでしょうか？

掃除をしなくても死なないし、お金が減るわけでもない。数か月も放置すればダニやカビが発生するかもしれないので必要ですが、今の忙しい状況の中では、結構どうでもいいな、と思えないでしょうか。

これを家事育児だけでなく、仕事に応用してみるのです。

「この資料、本当に必要？」「この作業をやめて、困る人はいるの？」と考えたとき、「いらないんじゃない？」と思えるものが見つかるかもしれません。

残業すればいい、休日出勤すればいいという発想をやめる

仕事が終わらなければ残業すればいい、あるいは休日出勤すればいいという発想が、

目の前の業務への集中力を低下させることがあります。

たとえば、「ちょっと休憩」「隣の同僚と雑談」「フェイスブックをのぞく」「ネットのニュースを見る」といった行為を安易にしてしまう人もいるでしょう。

しかし、「何時には会社を出よう」「何時までには終わらせよう」というデッドラインを意識すれば、「こんなことをしている場合じゃない」というブレーキが働き、緊急ではない雑務や休憩に現実逃避することを避けられます。

とはいえ、**自分で設定したデッドラインを自分の意志だけで守ることは難しいもの**です。

それを解消する方法の一つが、会社が終わったあとに予定を入れるという方法です。お稽古事でも友人との会食でも演劇や映画でもなんでもいいのですが、**他者との約束があれば、遅れては相手に迷惑がかかるとか、お金を損するとかで、緊張感が出てきます。**

予定なんて毎日入れられないよという場合は、自宅でできる楽しみを決めておきます。

たとえば楽しみにしている夜9時から始まるドラマを観ようと、あえて録画予約をしないでおく。飼っているネコにエサをあげなきゃいけないから、夜7時までには帰らなきゃ心配。あるいは6時からビールを飲みたいから5時には会社を出るぞ、みたいな感じです。

ちなみに私の場合は先ほどの「夜6時からビールを飲みたいから、それまでに今日やるべきことを終わらせるぞ」という習慣があります（笑）

完璧を求めるのをやめる

お金を生まない資料、クオリティーが求められない資料は、文字のフォントサイズや字体などにはあまりこだわらず、手間と時間を省くために、あえて手を抜いてみる

のです。

社内向けの資料は、社長が見るようなものでなければ、そこまできれいに作る必要はないものもあるでしょう。

業務日報なども、上司が何か貴重なフィードバックをくれるならともかく、進捗や業務内容の確認のためがほとんどなので、怒られない程度でいい、といった判断ができるものもあるのではないでしょうか。

私もセミナーや講演の資料は、箇条書きの文字の羅列のみで、驚くほどシンプルです。というのも、話の内容が面白いかどうかが重要であって、講演の価値は資料では決まらないと考えているからです。

また、かつてコンビニ本部でスーパーバイザー（店舗の指導員）をしていたころのこと。店舗を訪問するのは週2回以上が規定ですが、1回目にしっかり打ち合わせをしておけば、2回目は確認程度で済むので、週の後半は流すことができます。

それで浮いた時間を競合店舗や新しくオープンした商業施設の視察などに充て、店舗に提案する販促の企画などを考えていました。

怒りの感情に振り回されるのをやめる

私たちの時間を奪う感情の一つに「怒り」があります。

思い出すたびにムカつく、夜ベッドの中に入っても怒りが収まらず、悶々としてなかなか寝付けない、といった経験をしたことがある人もいるでしょう。

しかし、そんな時間は**何も生み出さないどころか、イライラしてストレスまみれになるだけ**です。そこで、怒りを感じたとしても、それをスッと消す方法論を自分の中に持っておくと便利です。

たとえば『やる気が出るスイッチの入れ方』（WAVE出版）でも紹介した、**「考えてはいけない人のブラックリストを持つ」という方法。**

どこの世界にも自己中心的で不愉快な人間はいますが、そんな人はあなたの成長や成功にまったく貢献しない人です。ですから、ふとした瞬間にその人のことを思い出してしまったら、即座に「コイツはブラックリストだ。考えてはいけない!」と、思考からシャットアウトするのです。

あるいは「議論で言い負かされてしまった」「相手の意見に反論できなかった」「自分は悪くないのに、自分のせいにされた」というとき。後々までムシャクシャが尾を引き、「あのとき、こう反論すればよかった」「なぜ、ああ言えなかったんだろう」と、頭の中で反論がぐるぐると駆け回ります。

そんなときは、**むかつく相手に訴状を書く**のです。といっても、実際に相手に送りつけるわけではなく、**あくまで相手を訴えるという想定で反論文書を書く**、という意味です。

そうやって、自分が言えなかったこと、言い足りなかったこと、今考えうるベストな反論を、相手を訴えるかのごとく、全部吐き出してしまうのです。

ブログでもノートでもメモアプリでも何でもいいので、自分の思いのたけをぶちまけてしまえば、気持ちが落ち着き、頭を切り替えられるようになります。

つまり**脳内に溜まった「負の感情」というアカを吐き出す方法**です。

他人を思い通りにしようとするのをやめる

また、「心がけ」という意味では、**「他人は自分の思い通りに行動してくれるとは限らない。むしろ思い通りにはならないことのほうが多い」**という認識を持っておくことです。

怒りの感情とは、自分の期待とは違う言動をする誰かによって引き起こされることがほとんどです。

上司や部下、家族や友人に対しても、「自分はこういう期待をしていたのに、それとは違う反応・結果だからムカつく」というわけです。

そこで、**「相手は所詮他人。だから期待通りになるはずはない。だから自分の動き方を変えて、他人に依存しすぎない状況を作ろう」という姿勢で取り組む。**

あるいは、**他人に何かをするときは、見返りを期待せずに、自分のためにやること。**「してあげる」という意識を捨てて、自分がうれしいから、楽しいから、トクをするから、という理由で行動すればいい。

そうしておけば、仮に期待とは違うことになっても、怒りでブルーな気分を引きずるという時間を減らすことができるでしょう。

ネットに時間を奪われるのをやめる

以前ネットで、あるアンケートを見かけました。それは、「外出時に最も気になることランキング」です。

驚いたことに、身だしなみなどよりスマホの充電量が気になるというのが1位でした。スマホを片時たりとも離せないスマホ依存症の人が増えています。

つまり、ネットに意識を向け過ぎて集中できていないのです。

携帯が鳴らない、SNSやメールを見られないようにすると、何かに集中して取り組むのに絶好の環境になります。

考えているときに電話がかかってきたら思考が中断されますし、フェイスブックやLINEのメッセージ着信音が「ポーン」と鳴ったら、やはり気になります。

しかし、**完全にネットから遮断された状態であれば、〝考えること〟だけに専念できます。**

ですから私は、こうして原稿を書くときや、キャッチコピーを考えているとき、企画書を作っているときは、ネットから自らを隔離するようにしています。

これらはたいていカフェにこもってやるのですが、スマホは音量をゼロにしてバッグにしまい気付かないようにしています。着信はありますが、大事な用件なら留守電が入るはずですから問題はありません。

また、モバイルWiFiは解約し、いつでもどこでもネットとつながるという**利便**

性を捨て、とにかく「集中できる環境」を意識して作っています。

もちろん、顧客とのタイムリーな連絡が重要な営業職や、1分1秒を争うような仕事をしている人には向かないと思いますが、クリエイティブさが求められる仕事であれば、ネット断捨離は非常におすすめできる方法です。

クレームに振り回されるのをやめる

最も生産性が低くなりがちな仕事の一つが、クレーム処理です。

なぜなら、**1円にもならないうえに、対応を間違うと二次クレームに発展するなど、時間と精神力を削られる場面が多い**からです。

確かにきちんと対応することで、感謝されたり、ファンになってリピーターになってくれたり、口コミを広めてくれるといった可能性もあります。

クレーム対応をする仕事はともかく、通常、クレームはめったにないことですから、やはり気苦労が増えることになり、なるべくなら避けたいことです。

そこで本来は**クレームが起きないようにリスクを予測し、発生しないように手を打っておく**ものです。それにはやはり「きっとこういう疑問がわくだろう」「きっとここに不満を感じるだろう」「きっとここは顧客ニーズとミスマッチしているだろう」「この場合はクレームになるに違いない」と**想像力を働かせることが必要**になります。

しかし、それでもやはりミスや行き違いなどはあるためクレームは起こります。そこで、クレームによる気苦労を減らす、二次クレームを避けるという意味において、「**クレームが起こった時の初動を決めておく**」と安心です。

以前私は、ファストフードチェーンの対応に感心したことがあります。

テイクアウトでハンバーガーのセットを買って帰ったら、ポテトが入っていなかったので、買った店に電話をしました。

すると店員は疑うことなく、すかさず謝罪しました。

その後、レシートがないにも関わらずポテトをわざわざ自宅まで届けてくれ（もちろん、私の家がその店から歩いて10分以内だったから、という理由もあるとは思います）、次回から使える無料券までくれたのです。

おそらくこの店舗（もしくはチェーン全店）は、「注文した商品が入っていない」というクレームがあった場合の初動を決め、全スタッフに徹底していたのだと思います。

つまり、**「クレーム客の期待を良い意味で裏切り、ここまでやれば二次クレームにはならない」レベル**を考え、その結果として「疑わない」「レシートはなくてもいい」「顧客の家まで届ける」「無料券を渡す」をルール化していたのでしょう。

実際私も、怒ったり不満に感じたりするどころか、「そこまでしてもらうとかえって申し訳ない」という気持ちになりました。そして私は無料券を持って必ずその店に行くし、同じファストフードを買うならその店に行こう、となるわけです。

その店にとっては、確かにスタッフの人件費と無料券というコストが発生するものの、それによって私というリピーターを一人確保できたことになります。

そして、対応が決まっているためスタッフの気苦労も二次クレームのリスクも減るというわけで、一石二鳥だと言えるでしょう。

モノを増やしすぎるのをやめる

自宅に洋服が多ければ、今日は何を着ていこうかなと迷いますし、衣替えに時間がかかり、クリーニングに出す点数も増えます。

部屋の中にモノが多ければ、それらにたまったホコリをはたくなど掃除をしなければなりません。使わないものをただ保管しておくのは、ゴミに家賃を払っているようなものです。

モノが増えればそれを探す、取り出す、掃除する、片付ける、どこに何があるかを管理するという時間も増えます。1日に10分、そうした作業が発生するとすれば、年間60時間、30年で75日分の時間が奪われ、その時間を使ってできたはずのことができなくなります。

しかし、モノが少なければその手間と時間が削減されます。つまり、**なるべくモノを持たない、モノを減らすということは、可処分時間を増やすことにつながるのです。**

私も、なるべくモノを持たない生活を心がけています。

たとえば、1シーズン着ていない洋服は捨て、古くなったTシャツなどは夏のパジャマにします。靴下は同じものを5足買い、穴が空いたら使いまわします。フォーマルなシーンで着るスーツは高級なものが1~2着あればいいですし、ネクタイはほとんど捨ててしまいました。

一方で新しい洋服を買う頻度は数年に1度くらいで、破れたり毛玉だらけになったりして着られなくなった場合だけです。

ですから、普段はほぼ毎日同じような服を着ています。

そもそも持っている洋服の数が少なく、普段着、カジュアル外出着、フォーマル外出着の3パターンだけ。ちょっと組み合わせを変える程度ですし、クローゼットの中身は1年中同じで衣替えも不要です。

クリーニングはもう何年も利用していません。

靴は、スーツに合わせるものが3足、カジュアル用が2足、ジョギング用が1足、普段用が1足の合計7足だけです。

ですから迷うことはないですし、シューズボックスもすっきりしています。

本を買う量は多いですが、よほど感銘を受けたもの以外はすぐにアマゾンのマーケットプレイスか古本屋に売り、必要になったらまた購入すればいいと割り切っています。

第6章

あなたの人生に第3の解を与える「超」時間術

考えやすい思考の枠組みを持っておく

フレームワークと同様に、**自分の得意な領域に当てはめて考えることで、理解がスピーディーになる**ことがあります。

たとえば私の場合、かつてコンビニに勤めていたことがあり、そこで学んだことが思考の枠組みの一つとなっています。

コンビニでは商品のカテゴリーを、大分類→中分類→小分類→単品というふうに分類しているのですが、これが具体と抽象を考える時に役立っています。

ある商品がヒットしている場合、小分類や中分類でみてみると、カテゴリーとして売れているのか、それともその単品の力だけなのかを確認します。

もしカテゴリー全体が売れているなら、それは一つのトレンドと言えるので、そのカテゴリーの売り場とラインナップを増やそうという判断ができます。

また、新しい運用対象に投資する場合は、私の得意な不動産投資に当てはめて考えます。

不動産投資の儲け方には、インカムゲイン（家賃収入）、キャピタルゲイン（値上がり益）、節税、為替差益（海外物件の場合）の四つがありますが、ではその新しい投資対象はどれに該当するかを考えます。

そして、仮にインカムゲインに該当する場合、不動産では表面上の家賃収入だけではなく、管理維持にかかる費用や固定資産税といったランニングコストを考慮し、純粋な収益を計算します。

そこでその新しい投資対象のランニングコストは何にどのくらいかかり、純収益はいくらなのかを考えるのです。

単純なようですが、**常にこの発想をすれば、「思ったほど儲からない」「こんなはずじゃなかった」という事態を避けることができる**というわけです。

そしてこれは、実はものごとの上達する要素でもあります。

スポーツでもお稽古事でも同じで、**一つの分野で一流の域まで上達したことがある人は、他の分野でもコツを掴むのがうまく、素早く人並み以上まで上達させることができます。**

つまり自分がある分野で得意と思えることがあれば、そこで得た枠組みに照らして考えることで、理解や上達のスピードが上がるということです。

未経験の分野は準備7割でスタートし、動きながら軌道修正する

とはいえ、未経験ゆえに何が起こるかわからない仕事もあるでしょう。そんなときは、**全体像が明確にわからなくても、準備7割くらいでまずスタートすること**です。

なぜなら、どうせわからないなら、進めながら軌道修正するほうが早いからです。

典型的なのは新規事業や、個人の場合は起業でしょう。新分野だけに、売れるかどうか、顧客からどんなクレームや要望が来るか、競合企業はどう動いてくるかなんてわかりません。

ならば、あまり**調査や準備に時間をかけるのではなく、まずは低予算でリリースしてみる。**すると様々な反響・反応がありますから、それをもとに商品・サービスをブラッシュアップしていくのです。

もちろん、初期投資が必要だとか、巻き込む人が多い場合は見切り発車は危険です。人の健康や安全に関することも、失敗した場合の損害が大きい場合も、「とりあえずスタート」というわけにはいかないでしょう。

しかし**一般的な仕事であれば、まず動き出してみること**です。初めてのときはハードルが高く感じますが、慣れるとむしろ楽しくなります。

今の私の仕事もこの方式を使っています。

どうなるかわからないからお金をかけず、大勢の人を巻き込まず、まずは自分一人で始め、5万円ほどでホームページを作って公開します。そして自分の既存顧客やメルマガ読者に向けてイベントや説明会を開催する。

その反響を受けて、サポートをこうしよう、値段を変えよう、商品の選択肢を増やそう、などと軌道修正しつつ、より売れる事業にしていくというわけです。

「情報がないと不安で動けない」人は情報収集の期間を決めておく

見切り発車に関してもう一つ。

なかなか動けないという人の中には、「あれこれ調べておかないと不安」という理由もあると思います。

しかし情報収集にこだわり過ぎると、かかる時間は無限に膨らんでしまいかねません。

そこで私の場合、**情報収集にかける期間や工程を決めて、それ以上調べるのはやめ**

ると割り切っています。

たとえば、新しいサービスのウェブサイトを作る場合。競合のウェブをチェックするのですが、競合の数がたくさんある場合にすべてを見ていると、膨大な時間がかかってしまいます。

そこで、「検索上位30社のホームページだけを調べる」と決めて検索し、自分のウェブサイトの制作に取り掛かるようにしています。

マレーシアやアメリカの不動産を買うときにも、現地の不動産業者を訪問したのですが、やはりたくさんいて、地理的にもバラバラです。

そこで現地での滞在日程を決め、その中で会える業者の中から買う相手を決めました。

当然、情報不足で不利益を被るリスクはあるわけですが、**成功確率が90%でも95%でもGOという判断に変わりはないようなもので、ある程度調べたら、それ以上の情報は枝葉末節《しようまっせつ》で大勢に影響はない**ことがほとんどです。

複数の仕事を掛け持ちする

どんなに好きな音楽でも、毎日同じ曲ばかり何度も聞いていたら、いつかは飽きるでしょう。

鳥肌が立ってモチベーションが高まる本でも、繰り返し読めば当初の感動はなくなるでしょう。

仕事もやはり、同じことだけやっていると、マンネリ化して飽きることがあります。

仕事が楽しい、この仕事が好き、と思えるようにするには、前述した**「行き詰まりそうになったらやめる」のほかに、複数の業務を掛け持ちすること**が挙げられます。

これは受験生が、数学に飽きたら英語、英語に飽きたら物理というふうに、複数の科目を回して勉強するのに似ています。

たとえば私の場合、不動産売買の仕事をしていますが、日本以外にも海外不動産を手掛けることで、おもしろさがぐっと変わります。

本を書く仕事もしていますが、投資やマネーに関する本だけでなく、ビジネススキルや自己啓発書の仕事を引き受けると、普段は意識していなかった自分の仕事の手順や価値観に目が向くようになります。

個人の資産運用でも、不動産投資だけでなくFXや商品先物取引などいろいろやることで、脳内には複数のアンテナが立ち、相場に関する情報を幅広く集めるようになります。

自分で仕事は選べない、ほかの仕事なんてやっている余裕はない、という人はともかく、**ルーティンワーク以外にもいろいろな仕事を引き受けるようにする**と、飽きずに楽しく進められます。

自分が磨いている能力を因数分解し講座化する

元アナウンサーが話し方教室をやっています。ＳＥがプログラミング教室をやっています。元ＣＡがマナー研修をやっています。ＴＯＥＩＣ９９０点満点を取った人が、英語教室をやっています。

つまり、自分が本気で取り組んでいることはお金をいただけるコンテンツになるということ。

ですから、**あなたが得意な仕事、優れている領域があるなら、それをぜひ外販できるレベルまで高める**ことを目標にしてはいかがでしょうか。

たとえば営業マンなら自分の営業スキルや手法を棚卸しし、「営業力強化講座」という教育プログラムを開催することをイメージしてみる。

そして、実際に社内で部下や後輩に講義する勉強会を開いてみましょう。社内勉強会といっても、社外向けに準備するのです。

それには自分がやっていることを振り返り、誰でもわかる言葉で、誰でも納得できる理論で、体系的に作らなければなりません。

また、**「これでお金をいただけるレベルにする」という意識が必要**です。すると、気合いや根性やカンに依存した話はできないし、一つひとつの方法について根拠がなければ「なんで？」という疑問が受講生から上がることになります。そのため、理路整然とした講座となるように準備するでしょう。

それによって本当に営業成績が上がれば、外販する自信になります。将来の自分の起業ネタになる可能性も秘めています。

20代はブラック労働をしたほうがいい理由

厳しいノルマ、低い給与、膨大な仕事量……。

ブラック企業は批判されることが多いですが、私はこの環境を、未熟な自分を鍛えてくれる養成ギブスのように考えています。**結果的には仕事の処理スピードを高めるチャンス**だからです。

量をこなすことでスピード感覚が身に付き、その量が質に転換する。私自身も、それを身をもって体験してきましたし、**私の周りで成功している起業家も、若き日は同じようにブラック的な働き方をしてきた人がほとんど**です。

たとえばパンフレットを封筒に入れる作業も、1日200枚入れる人より、1日1

０００枚入れる人のほうが、より早くコツがわかってきます。10部や20部の封入作業ではつかめない、スピードアップの方法を試行錯誤しながら取り入れていきます。

これは私自身の経験ですが、こうして会議資料の冊子を作る作業も、同じ部署の誰よりも早くなりました。

そんな**コツやカンを掴むために、今までの2倍の量の仕事を引き受けます。**

「今でさえアップアップなのに、そんなの無茶だ」「給料は変わらないのにばかばかしい」と思うかもしれません。

確かに2倍といえば、従来のペースでやっていたのでは、とてもこなせない量です。しかし、だからこそ四苦八苦しながらも、なんとかこなそうとします。

手を抜いてもよい部分、軽く流しても全体のクオリティには影響しない部分を見つけます。そうやってブレイクスルーの道を模索します。

量をこなすだけでは確かに給料は変わらないかもしれませんが、量稽古は、仕事の基礎体力を作ってくれます。

反対に、あまりやることがなくていつも定時で帰れる超ホワイト企業を理想とする人もいるでしょう。

それが40代以降であれば、仕事と家庭の両立ができるうえに健康面からも理想的ですが、**20代でその環境に慣れてしまうと、使い物にならない人材の一丁上がりというリスクをはらんでいます。**

今やっていることが未来の自分を作ります。では自分はいったいどういう人物になりたいのか？　どういう未来を理想としているのか？

そう考えたとき、「ブラック企業はけしからん」というのか、自分を鍛える道場だと捉えるのかで、未来の自分も変わるはずです。

人生の転機はいつでも起こせる

先ほど、「今やっていることが未来の自分を作る」と書きましたが、そう考えれば、**自分の転機は今からでも、そしていつでも起こせる**ことがわかります。

たとえば私の場合、サラリーマン生活最後の1年間は、どうすれば自由が得られるかをずっと考えていました。当時は外資戦略系コンサルティングファームに勤めていて、給与は高かったのですが、超多忙でほぼ毎日タクシー帰り、土日も仕事という環境でした。これが3年ほど続き、次のようなことを感じるようになったのです。

プレッシャーも時間も減らし、自分のペースで仕事がしたい

他人を助言する立場ではなく、自分でやってみたい

その**環境づくりとして、「不労所得」を作ることを思いつきました。**

自分の労働力に依存しない収入源があれば、会社を辞めても生活できるし、事業が失敗しても生活は維持できるだろう、と考えたのです。

では何をどうすればいいかを探したところ、当時は副業禁止でスマホなどもありませんでしたから、**消去法で不動産投資を選びました。**

方法論が決まればあとは実行で、不動産投資の本を読み漁り、不動産投資に強い不動産業者を探してアポイントを取り、20社以上を訪問して面談しました。

同時に、70万円しかなかった自己資金を増やすため、節約貯蓄に取り組みました(当時は年俸制だったため、翌年までは給与は変わらないので節約するしかなかったからです)。

そして、物件情報が来たらすぐに見に行き、問題ないと判断したら銀行融資を依頼し、審査が通れば購入。

これを繰り返し、十分ではないにしろ、ようやく経済的自由という環境づくりの目途が立ちました。

そしてこれが、私の転機となり、今につながっています。

つまり、**まず自分が思い描いている方向性と、今の自分が置かれた環境とのズレを認識する。そしてそのズレを解消する方法を考え、実行すること**です。

文字にすると「なんて当たり前な」と感じてしまうものですが、なかなかできないのは、おそらくそれをじっくり考える余裕がないからかもしれません。

仕事であれば選択肢はある程度絞り込めるものですが、**人生の選択肢は無限にあってどれが良いかは判断がつきにくいため、どうしても面倒で後回しになりがちです。**

一人部屋を与えられない子どもや、いつも友人とつるんでいるような若者の思考が浅くなりやすいのは理由があり、**いつも他人と一緒では、一人で内省する時間が取りにくい**からです。

大人でも同じく、自分だけの時間が取れないと環境変化に気づかなかったり、不満があっても現状に甘んじるしかなかったりする可能性がありますから、やはり**「じっくり考える一人の時間」が必要**です。

忙しいときこそやりたいと思ったことを詰め込む

忙しいときに限って、普段は見向きもしないような本を読みたくなったり、新しいお稽古事に興味を持ったりしたことはないでしょうか。

反対に、暇なときに限って、新しいことを始めるのが面倒になります。忙しいときはいろいろやりたいと思っていたのに、急にやる気が失せてしまいます。

忙しいときは緊張感があり、物事の処理スピードが上がっています。仕事をこなしているという実感がありますから、モチベーションも高い。これは、自分のキャパシティを広げるチャンスです。

そこで逆説的ではありますが、もし**「あれをやりたい」「これもやりたい」という思いが沸き上がったら、ちょっと大変でも、どんどん詰め込んでみましょう。やりた**

いと感じたものに、少しでもいいので手をつけてみるのです。

急にお稽古に興味を持ったら、資料請求したり無料体験に行ってみる。ジョギングしたくなったら、とりあえずウエアだけ買って部屋の中の見えるところに掛けておく。ネットで調べ物をしていて、「この記事に興味がある。でも今は読んでいる時間がない」という場合はお気に入りに保存しておく。

これらは、**新しいことを学ぶきっかけを逃さない、忘れないようにするために、効果的な方法**です。

ただし、くれぐれも現実逃避とならないよう、注意が必要です。

「いつかやりたいこと」は「今やる」

前項と同様にもし「将来はこんなことをやりたい」と思っていることがあったら、ちょっとでもいいから今すぐ手を付けておくことです。

なぜなら、**やりたいと思ったときにやらなければ永遠にやらないままになりがちですし、何よりチャンスを引き寄せられない**からです。

たとえば「山登りをしたい」という願望があるなら、「時間に余裕ができたら」ではなく、すぐ山に行くのです。

行けばその体験を会社の同僚や友人知人に話すでしょうから、するとそれを聞いた誰かから、「こんな人を知っているから紹介するよ」「私も興味があるから連れて行ってよ」という声がかかるかもしれません。

そしてそこから、新しい仲間ができたり、自分一人では登れない山にも行ける知識やチャンスが転がり込んだりする可能性が出てきます。

仕事も同じく、「将来やりたい」というだけでは、誰にも気づいてもらえず、誰からも引き上げてもらえません。

そこでたとえば、今は営業職だけど、将来は企画・マーケティングの仕事をしたいという人は、営業をやりながら、社内で「こんな商品はどうか」「こんな販促手法はどうか」と声を出して提案し続けるのです。

すると、「あの人は積極的に企画を提案してくる」「マーケティングにも明るいらしい」というブランドができ、当該部署に異動できたり、関連のプロジェクトを任されたりするかもしれません。

本を読みたいけれど忙しくて時間が取れないと思ったときも、とりあえず買ってきて〝積《つ》ん読《どく》〟状態にしておきます。

常に大量の新刊が発売されますから、既刊本の多くは棚から撤去され、自分もその本のことを忘れてしまいます。すると、自分を変えてくれるかもしれない本との出会いを逃すことになりかねません。

しかし、買って書棚に置いておけば、ふとした瞬間に本のタイトルが目に入り、自分の興味関心を意識できます。

そして、「今日は時間があるから読んでみよう」というきっかけになります。

今までの人生があっという間だったように、これからの人生もきっとあっという間に過ぎ去るでしょう。

人生は長いようでいて、何事かを成そうとすると、案外短いもの。

やりたいことは後回しにするのではなく、今やる。

「いつか」という〝期限が見えないもの〟にせず、ちょっとだけでもいいので手を付けて、チャンスの種を蒔いておくことです。

自分の仕事の範囲を決めない

私は、**自分がどの部署にいても、どの職種でどの業務の担当でも、自分の仕事の範囲を限定しない**ようにしてきました。

つまり、**「それは自分の仕事じゃないけれど、必要ならやる」**というスタンスです。

たとえば以前、コンビニ本部で働いていたとき。スーパーバイザーの仕事をしながらも、新商品に対する感想や改善提案、自分で考えた販促の結果報告など、特に**業務として義務になっていないこともやっていました。**

商品が良くなって売れれば、売上が伸び、加盟店が喜ぶ。

そもそもスーパーバイザーの存在意義は、加盟店の売上・利益を上げて喜んでもらうこと。ですからその行為は、回り回って加盟店のためになる、という発想です。

本社で営業を支援する部門に異動になったあとも、自分が商品開発部ではないけれど、商品部員と一緒にメーカーに行って提案や試食をしていました。システム部ではないけれど、情報共有システムの構築を呼びかけ、一緒になって考えました。

そうやって部門に関係なく様々な問題解決に首を突っ込んだことが、外資戦略系コンサルティングファームの面接試験に合格した要因の一つではないかと思っています。そして、そのコンサルティングファームにいたときも、自分の範囲外の仕事に積極的に首を突っ込みました。

「それは自分の仕事じゃない」「それは自分が考えることじゃない」「指示されていないからやらない」という人もいるかもしれませんが、それでは本来の目的が達成できないかもしれません。自分の能力も広がりません。

そこを**「必要なら担当外でもやる」というスタンスで取り組むことで、新しいチャンスを呼び込むきっかけになるし、関連する皆がハッピーになれる可能性が高まる**と信じています。

仮説思考が意思決定スピードを決める

仮説思考とは、**「今ある情報の中から、一番可能性の高い結論を想定し、それを最終目的地として意識しながら　検証を繰り返し、仮説の精度を上げていく」**というのが学術的な表現ですが、**一言で言うと、「とりあえず答えを出す」こと**です。

「空が曇っている」→だから「雨が降るかもしれない」→だから「傘を持っていこう」という、有名な空雨傘理論も同じく仮説思考の方法です。

仮説思考の最大のメリットは、限られた時間と情報の中からでも、より適切な答えが見つかるようになることです。

「こうすればこうなるかもしれない↓やってみる↓結果は違った↓その理由はきっとこうだろう↓次からはこうしてみよう」の繰り返しを、日常生活の中で大量に高速回転させると、「こういう場合はこうなる」「こうすればこうなる」というパターンの引き出しが増えていきます。

すると、未知の場面に遭遇しても、応用して適切な対処ができるようになります。

仮にその仮説が間違っていても、「なぜだろう？　次はどうすればいいだろう？」と考えることで、より精度の高い仮説構築ができるようになり、次からはもっと短時間でできるようになります。

仮説がなければやみくもに情報収集や分析をして方向性を決めきれず、行動が遅れます。もちろん、情報収集や分析から新しい仮説が生まれることもありますが、時間がかかるし無駄も多くなるでしょう。

それに**「自分はツイていない」と不満をこぼす人に限って、何の仮説も持たず、ただ行き当たりばったりでコトに当たる傾向があります。**

しかし、何事も仮説を持って行動すれば、より納得できる結果を生みやすくなる。
つまり、仮説思考は、ビジネスの場面だけでなく、人生にも適用することで、よりハッピーな結果を手に入れられる思考法なのです。

スキルよりもまずは信用を得る

本書もビジネススキルに関する本なので自己矛盾になってしまいますが、私は**スキルを高めることよりも重要なのは、信用力を高めること**だと考えています。

信用があればあるほど、「キミに任せる」となり、「あなたがそこまで言うなら」となり、説得や調整に時間がかからず進めることができるからです。

それだけではなく、**仕事の自由度も増し、自分の意見や主張も採用され、より仕事がおもしろくなる基礎となります。**

もちろんその信用は実績であり、そのベースはスキルということにもなるわけですが、自己満足的なスキルアップよりも、まずは人から感謝されるように取り組むことです。

時間術も、基本的には「自分がより効率的に動ける」テクニックが中心で、それはつまり「自分が幸せになる」ということですから自己満足的なものかもしれません。

しかし、その前提には「他人を幸せにする」ことも含まれています。

というのも、**あらゆる仕事は誰かの問題解決や誰かの夢の実現など、他者に貢献することだからです。**

だからこそ信用してもらえるわけですし、お金をいただけるわけです。

先輩や上司から依頼された仕事は期待以上にこなす。取引先や顧客からの問い合わせ・相談にきちんと対応する。

「どうやって売るか」「どうやってノルマを達成するか」という発想よりも、**「どうすれば顧客の課題を解決できるか」「どうすれば顧客の夢をかなえられるか」という視点で取り組む。**

そこに必要なのは、ビジネススキルというよりも**仕事に対する姿勢であり、思いやり、素直さ、想像力といった「人間力」**ではないでしょうか。

そして、その土台の上にスキルが備わることで、もっと実力を発揮できるようになる。

すると、**仮にサラリーマンであっても、好きな仕事を選べ、好きなように動ける。**

それはますます仕事が楽しくなることを意味しますから、時間術以上に大切なことだと思います。

自分が充実を感じる要素で1日をいっぱいにする

時間術の究極の目的は、「幸せな人生を送る」ことです。

仕事を詰め込んで忙しくなることを望んでいる人は少ないでしょうし、早く退社してのんびりしたいから時間術を駆使したいというのは、そもそも仕事が楽しくないことを意味し、あまり生産的な発想ではないように感じます。

やはり、**自分が「つまらない」と感じるコトを排除し、「楽しい」と感じるコトで1日を埋めていくことが充実感につながるわけですし、そこに時間術の本当の意義があるといえると思います。**

もちろん、何が楽しく何がつまらないかは人によって異なります。

地道な作業をもくもくとやるのが好きな人もいれば、自分で考えてやるのが楽しい人もいる。

だからまずは、**「何をしなければならないか」よりも「何をすれば楽しいか」を抽出していくこと。**

そして**「やらなければならないこと」を減らし、あるいは素早く片づけ、「楽しいと思えること」「満足する結果が待っていること」に時間を使っていくように1日の予定を組み立てていく**のです。

ただし、それには**経験による蓄積と戦略が必要**です。

蓄積とは実務経験です。

経験が乏しいうちは、何が得意か不得意か、どんなときに達成感や充足感を覚えるかも、まだはっきりは認識できないからです。

あるいは、ドリブルも満足にできない段階ではサッカーの本当の楽しさがわからないように、ある程度の能力が向上しなければ、仕事の本当の楽しさはわからないでしょう。

戦略とは、「自分が望む人生にするために、何をして何をするべきでないのか。何を優先して何を優先するべきでないか。どういう相手とどういうスタイルでつきあうべきか」を判断していくことです。

そしてそれが「選べる」状態になるには、やはり実績を重ねて信用を積み上げていくことです。**こちらから「お願いします」と言うより、相手から「お願いします」と言われる立場になるほうが、選ぶ自由が生まれるからです。**

そこでもし今、私がサラリーマンに戻ったとしたらどうするでしょうか。

最初は**言われた仕事を期待以上に仕上げて信用を築く。**

仕事は一切断らず、どんなに忙しくてもすべて引き受ける。

もし非効率なものがあれば、それを会社にぶつけるのではなく、自らやり方を変えて成果を出して示す。

権利は主張せず、義務をしっかり果たし、給与や残業代や休暇といった待遇面に文句を言わず、自己責任で働く。

社内の評価より顧客満足を優先させてファンを増やす。

そうやって**「キミがそう言うなら」「キミに任せるから好きにしろ」と言われるようになることを目指す。**

そうなれば、自分がやりたい新しいプロジェクトを提案することもできるし、楽しいと思える仕事を選び、そうでない仕事は別のスタッフに振ることもできるようになるはずだ、と考えています。

時間術とは人間力を磨くこと

会社に行って一日忙しく動き回ったなと思っても、実は「作業」しかやっていなかったということはないでしょうか。

本当の意味での仕事とは、利益を生み出す行為、コストを削減する行為、問題を解決する行為です。

もちろんバックオフィス部門（総務、経理、人事など）ではルーティンワークも多いのですが、**ルーティンでできる仕事は誰でも代替可能という特性を持っています。**ということは自分でなくてもよいわけで、いずれ賃金の下落圧力にさらされることになります。

特に今後は人工知能技術の発達によって、ロボットやコンピュータにとって代わられる仕事が増えることが予想されます。あるいは日本政府のビザ発給基準の緩和により外国人労働者が増え、単純作業は人件費の安い海外人材に置き換わっていく可能性もあります。

つまり**「人間にしかできないこと」「自分ならではの価値を出せること」にフォーカスして取り組まなければ、年収はどんどん下がっていく**ということです。

そんな状態になれば、「時間術」なんていうものはまったく意味をなさないのはおわかりいただけると思います。

時間術とは、抱え込んだ膨大な作業を効率よくこなすという側面も確かにありますが、**「作業」を減らし「仕事」に専念できる状態・環境を作ることです。**

そういう意味では、キーボードを速くたたくとか、ノマドワークをするといったテクニックやスタイルの整備だけでなく、たとえばコミュニケーション力や論理的思考力など、実は全人格的な要素を多分に含んでいるともいえます。

たとえば、同僚から「今ちょっといい?」と声をかけられたとき。こうした中断によって集中力がそがれたり、思いついたばかりのアイデアを忘れてしまうことがあります。

そんなときに「ごめん、今そんな時間はないんだ」などとぶっきらぼうに言ってしまうと、相手は拒否されたと感じ、だんだんと声をかけられなくなってしまうかもしれません。

そこでたとえば「ごめん、今ちょっと手が離せないんだけど、30分くらいで終わるから、その後でもいい？　30分後にこっちから声をかけるよ」など、**相手を思いやるコミュニケーションが必要です。**

あるいは**論理的思考力。**A案とB案で迷ったとき。それぞれの案のメリットデメリットを抽出して論理的に比較できなければ、判断ミスとなったり、「なぜA案なの？」と聞かれてうまく答えられなかったりして、逆に時間のロスにもつながります。

また、自己責任意識が希薄であれば「いったん持ち帰って上司に相談します」となり、タスクを増やすだけでなく相手からの信用も低下させかねません。

一方で、仕事が速い人は意思決定スピードが速い。それは経験の蓄積によるカンが働くという理由のほかに、「最後は自分が責任を持つ」という強烈な自己責任意識があるからです。

どんな結果になったとしても受け入れる覚悟があれば、自分の判断でタスクをコントロールすることができます。

このように、**時間をうまく使って人生を豊かにするには、テクニックだけではなく、思考体系と行動体系の両面から変革しつつ、自己の総合力を高めていく必要がある**のです。

つまり私もまだまだ未熟者であるということですが、未熟であるがゆえに、常に自分の思考と行動を評価し、時間の使い方を進化させていこうと日々精進しています。

午堂登紀雄

午堂《ごどう》 登紀雄《ときお》

1971 年、岡山県生まれ。中央大学経済学部卒。米国公認会計士。

大学卒業後、東京都内の会計事務所、大手流通企業を経て、世界的な戦略系経営コンサルティングファームであるアーサー・D・リトルで経営コンサルタントとして活躍。

株式会社プレミアム・インベストメント＆パートナーズ、株式会社エデュビジョンを設立し、不動産売買や教育関連事業などを手がける。

主な著書は、『お金がどんどん増える人 お金がたちまち消える人』（学研プラス）、『グーグル検索だけでお金持ちになる方法』（光文社）、『資産 5 億円を築いた　私のお金が増える健康習慣』（アスペクト）など多数。

●午堂登紀雄オフィシャルウェブサイト
http://www.drivin-yourlife.net/

いつも時間に追われている人のための「超」時間術

2016年 5月 3日 初版発行

著　者　　午堂 登紀雄

発行者　　野村 直克

カバーデザイン　河南 祐介（FANTAGRAPH）
本文デザイン　土屋 和泉
図表・DTP　横内 俊彦

発行所　総合法令出版株式会社
〒103-0001
東京都中央区日本橋小伝馬町15-18
ユニゾ小伝馬町ビル9階
電話　03-5623-5121（代）

印刷・製本　中央精版印刷株式会社

 ISBN978-4-86280-499-0
落丁・乱丁本はお取替えいたします。
総合法令出版ホームページ　http://www.horei.com/